연결하는
공감

연결하는 공감

인공 지능 시대, 소통의 온도를 올리는 법

초판 1쇄 발행   2025년 10월 18일

지은이 | 양수연·고유라·장지혜·최홍원

펴낸이 | 김연우
펴낸곳 | (주)태학사
등   록 | 제406-2020-000008호
주   소 | 경기도 파주시 광인사길 217
전   화 | 031-955-7580
전   송 | 031-955-0910
전자우편 | thspub@daum.net
홈페이지 | www.thaehaksa.com

편   집 | 조윤형 여미숙 김태훈
마케팅 | 김민선
경영지원 | 김영지

이 책에 직간접적으로 게재를 허락해 주신 모든 분께 감사드립니다.
저작권자와 연락이 닿지 않아 부득이 허가를 구하지 못한 일부 자료에 대해서는
연락 주시는 대로 적법한 절차를 따르겠습니다.

값 11,000원

ISBN 979-11-6810-383-2 (04710)
       979-11-6810-387-0 (세트)

책임편집 | 조윤형
디자인 | 지소영

연결하는
공감

**인공 지능 시대,
소통의 온도를 올리는 법**

양수연 · 고유라 · 장지혜 · 최홍원 지음

태학사

학회의 성장은 학문의 성장을 동반하게 마련입니다. 최초·최고·최대의 학술 단체인 한국어교육학회가 창립 70주년을 맞는 이 시점에서, 우리는 그 성장의 결실을 가시적으로 확인할 필요가 있다는 데 뜻을 같이했습니다. 이에 국어 교육 학계를 이끌어 갈 차세대 국어 교육학자들과 국어 교육의 현장을 선도하는 교사들을 중심으로 학문적 성과를 결산해 보기로 했습니다. 다만 빛나는 연구 성과를 정리하는 수준이 아니라 '그 성과가 교실에서 이용利用될 수 있도록 해야 한다', 그리고 '교실 안에만 머물러 있는 것이 아니라 교문 밖 모든 삶의 현장에서 언어 사용자인 시민들의 후생厚生에도 기여해야 마땅하다'고 생각했습니다.

그리하여 학회에서는 국어과 교육 과정사에서 가장 중요한 항존恒存 개념 20개를 선별했고, 젊은 연구자와 교사들에게

임무를 부여하여 손에 쏙 들어오는 20권의 책을 학회 창립 70주년이 되는 올해부터 출간하기 시작하여 내년까지 완간하기로 했습니다. 필진이 젊다는 것은 시각이 신선하다는 뜻으로, 책의 분량이 적다는 것은 정보의 응집도가 높다는 뜻으로 이해해 주기를 바랍니다.

한국어교육학회의 위상에 걸맞게 빛나는 결실을 맺어 주신 필자 여러분은 국어 교육학계의 믿음직한 미래임을 증명해 주셨습니다. 이 시리즈가 원활히 출간되도록 필자와 출판사 사이의 중간 다리 역할을 맡아 노심초사 알뜰히 챙겨 준 양수연 박사님의 노고도 잊을 수 없습니다. 이 시리즈의 간행을 흔쾌히 맡아 주신 태학사 김연우 대표님, 심혈을 기울여 책을 만들어 주신 조윤형 주간님에게도 감사의 마음을 전합니다.

부디 이 책들이 예비 교사들에게는 개념들의 윤곽을 보여 주고, 현장 교사들에게는 교수 학습과 평가의 설계에 영감을 주며, 일반 시민들에게는 품격 있는 언어 생활의 지침서가 되기를 바랍니다.

한국어교육학회 창립 70주년 기념
'개념 있는 국어 생활' 간행위원회 위원장 주세형
한국어교육학회 제38대 회장 류수열

그 어느 때보다 공감이 중요하고 또 필요한 시대이다. 코로나 19 팬데믹을 거치면서 현대인들은 더욱 고립되고 개인화된 일상을 살아가고 있다. 또한 차별과 혐오로 얼룩진 세상에서 갈등과 반목, 대립이 이어지고 있기도 하다. 오늘날 공감과 연결, 연대와 포용을 더욱 강조하는 배경에는 우리 사회의 이러한 모습이 자리한다.

디지털 기술의 급격한 발전 역시 우리가 공감에 주목해야 하는 새로운 변화의 흐름이다. 사람과 사물, 공간 등 모든 것들이 손쉽게 연결되고 있는 초연결 시대에 정작 우리는 뜻밖에도 사람과 사람 사이의 관계에서 단절과 소외를 경험하고 있다.

생성형 인공 지능의 등장 또한 만만치 않다. 우리에게 인공 지능과는 변별되는 인간만의 고유한 특징과 본질에 대해 끊임없이 새로운 물음을 던지고 있기에 그러하다. 공감하고 교감을 나누는 소통 능력은 가까운 미래에도 여전히 인간과 로봇을 가르는 하나의 기준이 될 수 있을까? 이미 인공 지능이 사용자의 이야기에 마치 공감하고 경청하는 듯한 반응을 보이면서 상담자의 역할을 그럴듯하게 수행하고 있는 것을 볼 때면 앞선 질문 앞에서 한없이 망설이게 된다.

이 책은 이러한 문제의식에서 출발했다. 먼저 1장에서는 공감이란 무엇인지 그 개념부터 짚고자 했다. 그리고 공감을 제대로 하기 위해서 고려해야 할 요소와 조건에 대해서도 함께 살피고 있다. 이어서 2장은 로봇과 변별되는 '인간다운 인간'이 되기 위해 공감을 바탕으로 사람들과 관계를 맺고 소통하는 일의 중요성에 대해 다루었다. 마지막 3장에서는 일상과 학교, 직장으로 구분하여 다양한 상황과 맥락에서 공감 능력을 기를 수 있는 실제적인 방법을 담고자 했다.

이러한 내용을 통해 저자들은 이 책이 단순한 이론적·학술적 논의를 넘어 독자 스스로 삶의 한가운데에서 공감을 실천하고 타자와의 공존과 협력의 길을 모색하는 데 필요한 나침반이 되기를 기대했다. 모쪼록 저자들의 고민을 담은 이 책을 통해 독자들이 공감을 매개로 세상과 진정으로 연결되고 소통할 수 있기를 희망한다.

이 책은 한국어교육학회 창립 70주년 기념 사업의 일환으로 집필되었다. 이 책이 집필될 수 있었던 것은 국어 교육 학계의 여러 선생님들과 선배 연구자들께서 오랜 시간에 걸쳐 닦아 놓은 반듯한 길 덕분이었다. 그 덕택에 구불구불 돌아가지 않고 잘 따라갈 수 있었다. 또한 이 책을 포함하여 일련의 시리즈가 출간되기까지 모든 과정을 총괄하고 기획해 주신 한국어교육학회 류수열 전임 회장님과 주세형 교수님께도 깊은 감사의 마음을 전한다. 이와 더불어 70주년 기념 전국 학술대회를 개최하기 위해 정성을 기울여 주신 한국어교육학회 김정우 회장님과 현 임원진들께도 감사의 말씀을 전한다.

2025년 10월

저자 일동

차례

Class 2. 공감을 바탕으로 관계 맺기

대인 관계를 형성하는 과정에서 공감은 어떻게 관여될까?

혐오의 시대, 공감으로 극복하려면?

로봇과 인간은 어떻게 다를까?: 인간다운 인간 되는 법

Class 3. 공감 능력을 어떻게 기를 수 있을까?

Class 1.

공감이 뭐지?

공감이란 무엇인가?

66 타인의 고통을 보고 내가 우는 까닭은?

___

TV 프로그램 〈꼬리에 꼬리를 무는 이야기〉의 한 장면. 무려 15년간 억울하게 누명을 쓰고 옥살이를 했던 사람이 죽었다는 소식을 듣고서, 출연자들이 오열한다. 내가 아닌 다른 사람의 고통에 대해, 그것도 이야기를 전해 듣는 것만으로도 마치 내가 겪은 일인 양 눈물을 쏟게 되는 일이 도대체 어떻게 가능할까?

과학 실험을 통해서도 이와 유사한 모습을 만나 볼 수 있다. 1998년 하버드 대학의 실험에 따르면, 마더 테레사Mother Teresa의 일대기를 그린 영화를 본 사람들에게서 면역 항체인 면역글로불린 A$^{\lg A}$ 수치가 이전보다 크게 향상되는 결과가 나타났다. 주목할 점은 선한 일을 직접 하지 않고 보기만 해도 인체의 면역 기능에 큰 변화가 생겼다는 점이다. 이처럼 선행이나 봉사를 하거나 보는 것에서 일어나는 정신적·신체적·사회적 변화를 가리켜 **테레사 효과**Teresa Effect라 한다. 어떻게 이런 일이 발생하는 걸까?

우리는 이러한 현상을 가리켜 '공감'이라는 말을 사용한다. '공감의 시대'라 불릴 만큼, 요즘 매우 인기 있는 유행어이다. 1992년 미국 대통령 선거 후보 토론회에서 'I feel your pain(나는 당신의 고통을 느낍니다).'이라는 클린턴의 말은 선거에서 승리하는 데 결정적인 계기가 되기도 했다. 흔히 보는 역할 놀이나 '역지사지易地思之'의 표현에도 공감의 흔적이 담겨 있다. 어디든 공감이라는 말을 만나 볼 수 있을 만큼 우리는 공감에 둘러싸여 있는 상황이다.

그런데 지난 40년 동안 사람들의 공감을 측정하여 수만 명의 데이터를 수집, 분석한 연구 결과에 따르면, 안타깝게도 사람들이 공감하는 빈도는 꾸준히 감소했고, 21세기 들어 감소세가 더욱 심각해진 것으로 보고되기도 했다.[1]

지금 우리는 공감을 잘하고 있는가?

66 공감,
무엇을 어떻게 하는 것일까?

　　공감을 잘하려면 먼저 공감이 무엇인지에 대해 알아야 한다. 우리는 공감이 무엇인지 잘 안다고 생각하지만, 사용하는 사람과 맥락에 따라 공감의 의미는 끊임없이 확장, 변화해 왔다. 사전적으로 공감은 "남의 감정, 의견, 주장 따위에 대하여 자기도 그렇다고 느낌. 또는 그렇게 느끼는 기분"(표준국어대사전)으로 정의되지만, 단순히 개인의 주관적인 느낌이나 감정 정도로 쉽게 이해될 수 있는 것은 아니다.

　　공감은 본래 독일어 'einfühlung'에서 기원한 말로, 영어 'empathy'로 번역된 이후 우리말로 자리 잡은, 다소 복잡한 이력을 갖고 있다. 1872년 독일의 철학자 로베르트 비셔

Robert Vischer가 독일어 'ein(안에)'과 'fühllen(느끼다)'을 붙여서 '안으로 들어가 느끼다to feel into', 혹은 '더불어 안에서 느끼다to feel within'의 뜻을 지닌 'einfühlung'이라는 말을 만들었다고 알려져 있다. 어원에서 보듯 본래 예술 작품이나 자연을 볼 때 느끼는 감정, 다시 말해 대상에 자기 자신의 감성을 투사하는 방법의 하나로, 예술 작품의 감상과 수용의 원리를 설명하기 위한 것이었다. 이후 1909년 미국의 심리학자 에드워드 티치너Edward B. Titchener가 이 의미에 해당하는 영어 단어 'empathy'를 만들었는데, 희랍어 'en(안)'과 'pathos(고통 또는 열정)'에 기원을 둔 그리스어 'empatheia'를 영어식으로 표현한 것이다.[2] 이를 다시 우리말 '공감'으로 옮기면서, 타인의 상황과 기분을 함께 느끼는 것으로 이해해 왔다.

그렇다면 공감은 어떻게 이루어지는 것일까? 단순히 '너의 고통을 느낀다.'는 말을 건네는 것만으로는 공감이 제대로 이루어졌다고 보기 어렵다. 공감은 타인의 감정을 공유하는 일뿐만 아니라, 그 감정에 대해 생각하고, 그 감정을 배려하는 일 모두를 포함하는 것이기 때문이다.[3] 공유(정서적 공감)와 생각(인지적 공감), 그리고 배려(공감적 배려)를 포함하는 총체적인 반응이자 참여이며 실천인 것이다. 공감을 제대로 하기 위해서는 이러한 요소와 조건들을 고려해야 한다.

우선, 공감은 집단보다는 개인을 대상으로 한다는 점에서 출발할 필요가 있다. 추상적인 관념이나 집단보다는 특정한 상황에 처한 인물의 모습과 상태에 더 공감하게 되는 것을 말한다. 실제로 여러 실험을 보면 비극적 사건을 겪은 수백 명의 피해자보다 구체적인 한 명의 피해자에게 더 많이 공감하는 것으로 나타난다. 분쟁 지역 시리아를 탈출하다가 고무보트가 뒤집히는 바람에 가족과 함께 죽은 세 살 아이 아일란의 사진이 보도되면서 시리아 난민을 돕는 기부금이 쏟아진 것이 대표적인 사건이다. 평소 분쟁 지역의 고통을 알면서도 외면해 왔던 이들이 해변에 얼굴을 박고 있는 아일란의 시신을 보고서는 고통을 함께 느끼며 움직이게 된 것이다. "집단을 본다면 행동하지 않을 것이고, 개인을 본다면 행동할 것이다."라는 마더 테레사의 말은 공감이 개인을 대상으로 한다는 점을 정확히 가리키고 있다.

　　단순히 다른 이의 고통을 알거나 느낀다고 해서 공감이 완성되는 것은 아니다. 타인의 감정을 공유하는 일이 더해져야 한다. 공감은 타인의 행동이나 경험을 보고서 그 사람의 심리를 내면적으로 그대로 모방하는 것인데, 내면의 모방을 위해서는 무엇보다 '다른 사람의 입장에 서기walk in another's shoes'라는 말처럼 자신을 타인의 위치에 놓는 것이 중요하다.

이러한 방법으로는 크게 두 가지가 제안된다. 나의 경험에 바탕을 두고 너의 상황에 대한 나를 상상하는 **자아 중심의 관점 취하기**와, 너의 입장에서 너가 어떠할지를 상상하는 **타자 중심의 관점 취하기**가 바로 그것이다.[4] 이러한 과정을 통해 자신과 타인의 경계선을 지우고, 타인의 감정을 공유하는 단계로 나아가는 것이다.

이러한 감정의 공유는 '공감'과 **동감**sympathy, Mitgefuehl'을 구별 짓는 지점이다. 공감과 동감은 모두 타인의 고통을 느낀다는 공통된 의미역을 지니고 있지만, 공감이 타인의 고통을 '함께 느끼는 작용'에 중점을 둔 것인 반면, 동감은 '타인과 같은 고통 내용'을 함께 느낀다는 것으로 고통 내용에 중심을 두는 차이가 있다.[5] 한마디로 말해, 공감은 다른 사람'과 함께with' 느끼는 것이라면, 동감은 다른 사람의 상황'에 대해about' 느끼는 것[6]으로 구별된다.

이처럼 동감은 타인과 같은 고통 내용을 강조하는 탓에, 타인의 고통을 함께 느낌으로써 내 안에서 일어나는 고통의 재생산, 전염, 이입, 공유의 문제는 공감의 중요한 과제일 뿐, 동감의 측면에서는 결과적으로 타인의 고통으로 인해 오염된 것으로 이해된다. 동감은 어디까지나 타인의 고통을 '있는 그대로' 최대한 정확하게 이해하는 것을 목표로 타자와 나 사이의 간격과 거리감, 분리 의식을 유지한다는 점에서, 대상에 자신의 감정을 투입하는 것과도, 혹은 타인의 감정이나 상황을 파악하거나 추체험하는 것과도 차이가 있다.[7]

그런데 타인의 고통을 공유하는 일에는 보다 정교한 인지적 과정도 필요하다. 이는 타인의 행동과 상황에서 여러 증거를 수집하여 그의 감정을 추론하는 일을 말한다. 이러한 인지적 측면은 흔히 '정신화mentalizing'로 불리기도 하는데, 다른 사람의 관점까지 고려하는 것을 의미한다.[8] 이를 통해 나와 타자에 대한 이해와 더불어 구별도 가져오는 것이다. 결국 공감은 나와 너가 통합되어 인식의 지평이 넓어지고 확장되는 단계로 발전되는 것이라 할 수 있다.[9]

나아가 공감은 함께 느끼는 것에 머무르지 않고, 고통을 해결해 줄 수 있는 방법을 찾아 행동하는 적극적인 참여로까지 그 의미가 확장되고 있다. 타인의 상황을 개선해 주고자 하는 욕구, 다시 말해 **공감적 배려**까지 포괄하는 것이다. 단순히 공유하는 것을 넘어서서 그 과정과 결과까지, 나아가 사회적 차원에서 함께하는 공동체의 가치에 이르기까지, 공감은 끝없이 확장되고 있다.

다른 사람의 마음을
느끼는 것이
어떻게 가능할까?

❝❞ 공감은 생각하는 것일까, 마음으로 느끼는 것일까?

사람들은 흔히 공감을 하나의 감정 정도로 쉽게 생각한다. 다른 이의 마음을 이해하고 함께 느끼는 것인 만큼, 어디까지나 마음의 문제라고 단정 짓는다. 이러한 인식에서 공감은 정신, 심리, 내면의 감정, 도덕의 문제로 간주되어 왔다. 심지어 악한 사람은 공감 능력이 약하고, 공감 능력이 낮은 이는 악하게 된다는 파격적인 주장[10]마저도 만나 볼 수 있다.

그러나 최근의 **뇌 과학**에 따르면, 인간 행동과 감정의 상당 부분이 뇌의 명령과 반응에 영향을 받으며, 공감을 비롯한 여러 행동과 태도들도 뇌의 통제를 받는다고 한다. 과학 기술의 발전에 따라 뇌의 물리적 기능에 대한 비밀이 하나씩 밝혀

지면서, 인간 행동도 뇌가 결정하는 대로 이루어진다는 결정론이 점차 설득력을 얻어 가고 있다. 이에 관한 뇌 과학의 설명을 살펴보자.

인간의 행동과 마음에 뇌가 큰 영향을 미친다는 점을 깨닫게 만든 사건이 있었다. 미국의 철도 노동자였던 피니어스 게이지Phineas Gage는 1848년 작업 현장에서 쇠막대가 머리를 관통하여 뇌의 전두엽 부위가 크게 손상되는 사고를 겪었다. 문제는 그다음에 일어났다. 사고 전과는 전혀 다른 인격을 나타내기 시작한 것이다. 성실하고 예의 바르던 이전과 달리, 그의 행동은 매우 폭력적·충동적으로 변해 버렸고, 심지어 돌출 행동으로 인해 경찰이 출동하는 일까지 벌어졌다. 이러한 극단적 변화의 원인은 바로 정서와 감정에 관련된 부위가 손상되었기 때문이었다. 이 사건은 뇌의 손상이 인간의 성격과 정서, 행동에 영향을 줄 수 있다는 결정적인 증거가 되면서, 인간 마음이나 의식을 담당하는 뇌의 영역이 존재할 것이라는 가설을 세우게 된 계기가 되었다.

2012년 최신 기술을 이용하여 피니어스 게이지의 두개골을 새롭게 분석한 연구에 따르면, 대뇌 피질 내 회백질의 4%, 중요한 신경 다발을 포함해 백질의 11%가 손상을 입은 것으로 추정되었다. 손상 범위는 겨우 4%와 11%에 불과했지

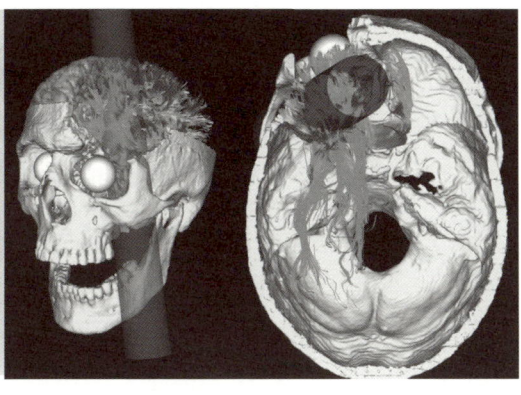

(왼쪽) 자신의 머리를 관통한 쇠막대를 잡고 있는 피니어스 게이지[11]
(오른쪽) 피니어스 게이지의 두개골을 컴퓨터로 그린 그림. 두개골에 쇠막대가 어떻게 관통
했는지, 그 과정에서 뇌 속의 신경 다발이 어떻게 영향받았는지를 시각적으로 보여 준다.[12]

만, 이는 심각한 결과를 초래할 수 있는 수치에 해당한다.

피니어스 게이지의 사건은 인간의 행동과 의지, 성격이
마음의 문제라기보다는, 상당 부분 인간의 뇌에 의해 이루어
진다는 것을 과학적으로 입증하는 계기가 되었다. 뇌 과학 기
술이 발전함에 따라 50~500밀리초(1밀리초=1/1000초)의 신경
신호 전달 시간까지 측정하게 되면서, 인간이 어떤 행동을 할
때 뇌의 명령에 따라 움직인다는 가설과 근거가 끊임없이 보
고되고 있다. 아직은 그 용어가 생소하지만, 뇌가 작동하는 방
식을 바탕으로 인간과 자아, 자유 의지를 설명하는 **신경 윤리학**

neuroethics이 발전하면, 인간 행동과 의지, 마음과 본성까지도 뇌의 작동으로 명료하게 설명될 날이 올 수도 있다.

뇌 과학의 설명에 따른다면, 다른 이의 마음에 들어가서 하나가 되는 공감도 상당 부분 우리 머릿속에서 일어나는 뇌의 작용과 물리적 반응의 결과라 할 수 있다. 실제로 고통을 당하는 사람의 모습을 볼 때 머릿속에 어떠한 반응이 일어나는지를 살펴보면, 놀랍게도 자신이 고통을 당할 때와 동일한 뇌의 영역이 활성화되는 것으로 관측된다.

그렇다면 공감은 내 몸 어디에서 어떻게 일어나는 것일까? 그 비밀을 밝히고자 지금 이 순간에도 많은 과학자들이 뇌를 스캔하면서 분석하고, 살펴보는 일을 계속하고 있다.

우리 머릿속에 상대방을 비추는 거울이 있다고?

6 6

– 거울 신경 세포의 발견

공감이 인간의 마음 문제라고 생각하던 것에서 과학적인 신경 반응의 하나로 인식이 전환되는 결정적인 계기가 있었다. **거울 신경 세포★**의 발견이 바로 그것이다. 1990년, 이탈리아의 리촐라티G. Rizzolatti 교수는 신경 세포를 연구하기 위해 원숭이의 행동과 동작을 관찰하는 실험을 진행했다. 어느 날 연구자가 음식을 먹기 위해 숟가락을 입으로 옮길 때마다 실

> **★ 거울 신경 세포(mirror neuron)**
> 거울 신경 세포는 다른 사람의 행동이나 감정을 관찰할 때, 마치 자신이 직접 그 행동을 하거나 감정을 느끼는 것처럼 반응하는 뇌 속의 신경 세포다. 원숭이 뇌 연구 중에 발견되었으며, 인간에게도 존재한다. 공감, 모방 학습, 사회적 상호 작용 등에 관여하며, 특히 상대의 고통이나 기쁨을 느끼는 공감 능력에 핵심적인 역할을 하는 것으로 알려져 있다.

험용 의자에 묶여 있던 원숭이의 뇌에서 어떤 신경이 활동하고 있음을 발견하게 되었다. 다른 원숭이나 주위의 사람이 먹는 행동을 관찰하는 것만으로도 자신이 먹는 행동과 동일하게 뇌 속의 신경 세포가 활성화되었던 것이다. 단순히 보는 것만으로도 직접 하는 것과 동일하게 뇌가 반응한다는 사실, 즉 '하는 것'과 '하는 것을 보는 것'이 깊이 연결되어 있다는 놀라운 사실을 발견한 것이다. 거울 신경 세포의 발견은 그동안 마음과 물질의 세계는 전혀 다른 것으로 뚜렷하게 구별된다는 데카르트식의 심신 이원론을 뒤흔드는 역사적 사건이 되었다.

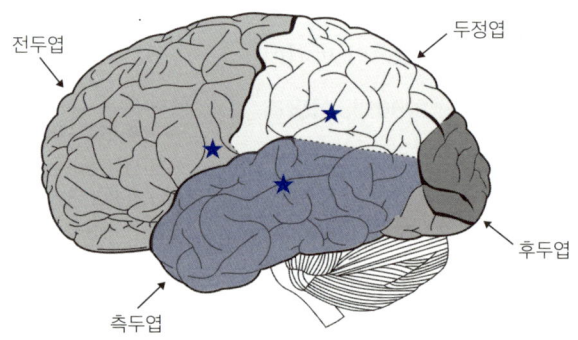

거울 신경 세포의 분포 위치(★ 표시된 곳).[13]

거울 신경 세포의 발견 이후, 우리의 행동과 감정을 밝히고 설명하려는 여러 연구가 이루어졌다. 한 예로 UCLA의 과학자들은 자폐증이 있는 사람들에게서 거울 신경 세포 시스템이 제대로 작동하지 않거나 장애가 있다는 사실을 밝혀 내기도 했다. 거울 신경 세포 시스템의 기능 장애는 자폐아에게서 전형적으로 나타나는, 상대방의 감정에 공감하거나 상대방을 모방하는 기능 결함이 그 원인이 될 수 있다는 주장이다.[14]

이제 우리는 다른 이의 행동을 보거나 듣고 있을 때에도 직접 할 때와 동일한 반응을 하는 신경 세포의 존재를 알게 되었다. 마치 거울에 비춘 것처럼 상대방의 행동과 감정을 함께 느끼는, 즉 공감하는 신경 세포의 존재가 알려지면서, 공감에 대해 과학적으로 접근하고 설명하는 길이 열리게 되었다. 축구 경기의 승부차기에서 해당 선수만큼이나 보는 우리도 긴장되어 손에 땀이 났던 것도, 거울 신경 세포가 활성화된 데 따른 결과인 것이다. 우리가 서로의 고통을 느낀다는 흔한 말은 이제 시적인 표현이 아니라, 있는 그대로의 사실이 되었다.[15]

66 타인의 마음으로
들어가는 길의 비밀은?

앞서 살핀 바와 같이 뇌가 마음에 무언가의 영향을 미친다면, 뇌의 활동만으로 마음을 오롯이 설명할 수 있을까? 뇌속에 공감 회로가 배선되어 있고, 우리는 유전자를 통해 공감을 물려받았다는 가설도 제기되고 있다. 그런데 공감에 관여하는 거울 신경 세포가 발견되었지만, 다른 이의 마음으로 들어가는 길에 대한 비밀은 아직도 풀리지 않고 있다.

자기 공명 영상functional magnetic resonance imaging, fMRI 등과 같은 영상 기구와 장치를 이용해서 수없이 들여다보고 있지만, 신경 세포의 기능과 작동에 대한 여러 설명은 여전히 가설 수준으로 남아 있다. 여러 실험이 이루어졌지만, 신경 세포의 반응이 공감을 예측하는 데 실패한 경우도 많았다.

한 예로 사이코패스들의 경우 뇌의 일정 부분이 손상되어 있는 것은 사실이지만, 이와 동일한 부위에 손상을 입은 이들이 모두 사이코패스가 되는 것은 아니었다. 잔혹한 행동 없이 정상인으로 살아가는 경우도 적지 않았다. 정확히 뇌 안에서 어떻게 작동하는지에 대해서 여전히 분명하지 않은 셈인데, 인간의 마음은 뇌의 어느 한 부위의 활동만으로 판정할 수 없는 영역이기 때문이다.

이처럼 뇌 활동 자체가 마음인지, 아니면 뇌 활동이 있고 그것과는 별개로 마음이라는 것도 있어서 모종의 형태로 상호 작용하는 것인지에 대해서는 뇌 과학자들 사이에 아직 이견이 있지만,[16] 분명한 것은 "인간의 본성이나 도덕적 상태는 뇌의 상태로 완전히 설명될 수 없다."[17]는 점이다. 거울 세포의 발견으로 대표되는 새로운 발견은 단지 "인지 경로를 그리는 긴 여정의 출발점일 뿐이다."[18]

거울 신경 세포로 대표되는 생물학적 회로의 발견으로 인해 우리는 자칫 공감의 문제를 신체적·생물학적 차원의 것으로 오해할 수도 있다. 공감이 우리 뇌 속에 장착된 회로에 의해 정해진 방식대로 작동하는 것이라면, 공감 능력을 위한 일련의 교육적 시도는 무력해질 수밖에 없다. 그러나 중요한 점은, 이러한 생물학적 회로가 사회적 관계와 교육을 통해 활성화된다는 사실이다. 특히 유아에 대해 이뤄지는 부모와 사회의 교육은 거울 신경 세포의 회로를 활성화시키고 두뇌의 공감적 정보를 수립하는 데 없어서는 안 될 필수적인 요소이다.[19]

이러한 이유로 우리는 공감을 배워야 하고, 가르쳐야 한다. 공감은 분명 교육을 통해 신장되는 능력인 것이다.

Class 2.

공감을 바탕으로 관계 맺기

대인 관계를
형성하는 과정에서
공감은
어떻게 관여될까?

공감을 바탕으로 타인과 어떻게 관계를 맺을 수 있을까?

최근 MZ세대와 같은 젊은 층 사이에서 MBTI[1]에 대한 관심이 뜨겁다. MBTI는 심리학 분야에서 널리 활용되는 성격 검사로, 여기에서는 사람의 성격을 16가지 유형으로 구분한다. 이 가운데 특히 감정을 중시하는 F(Feeling) 성향과 사고를 중시하는 T(Thinking) 성향에 따라 일상 대화에서 상대방에 대한 공감의 정도가 다르다고 느낀다. 물론, MBTI 성향에 따라 공감의 정도가 다르다는 것은 학술적 근거가 없다.

그러나 한때 사람들 사이에서는 누군가와 대화를 나눌 때, 상대가 자신의 이야기에 대해 공감이 부족하다고 느껴지면 으레 "너 T야?"라고 묻는 것이 하나의 유행처럼 번졌다. 예를 들면, "나 속상해서 빵 샀어."라는 친구의 말에 "왜 속상해? 무슨 일 있었어?"라고 답하면 감정을 중시하는 F 성향이고, "속상한데 빵을 왜 사?"와 같이 사실 관계에 초점을 두는 반응을 보이면 T 성향이라는 식이다.[2] F 성향은 그만큼 친구의 '속상한 감정'에 초점을 두고, 타인과의 관계를 고려하여 상대방이 왜 속상한지, 무슨 일이 있었는지 물으며 공감적 대화를 이어 간다고 본다. 최근 MBTI에 대한 이러한 관심은 대인 관계에서 일종의 재미와 호기심에 기반한 놀이 문화의 일환으로 볼 수 있다.

누군가와 관계를 형성하고 유지하는 과정에서 상대방의 성향 가운데 T와 F에 대한 관심과 궁금증은 어쩌면 대인 관계에서 공감이 가지는 의미와 중요성이 그만큼 크다는 점을 시사하는 것일지도 모르겠다. 실제로 20세기 초부터 심리학자들은 공감을 인간관계에서 중요한 요소로 인식했다. 20세기 중반에 코넬 대학교의 로절린드 카트라이트 Rosalind Cartwright 라는 학자는 인간관계에서의 공감을 측정하는 최초의 실험을 했고, 이를 통해 공감을 '누군가의 감정을 느끼는 것'으로 새롭게 정의하면서 사람과 사람 사이는 공감으로 연결된다는 개념을 강조한 바 있다.[3] 다시 말해, 공감은 관계를 형성하고 유지하고 발전시키는 데 중요한 역할을 한다는 것이다.

이처럼 사람과 사람 사이를 이어 주는 역할을 하는 공감에 대한 관심은 자연스럽게 대인 관계에서 이루어지는 의사소통 상황에서 그러한 공감을 어떻게 '표현'할 수 있는가의 문제로 옮겨 갔다. 미국의 상담 심리학 분야에서 인본주의 상담 기법의 창시자인 칼 로저스**Carl Rogers** 역시 공감을 인간관계의 핵심으로 보고, 폭넓은 대화적 절차와 과정 안에서 공감을 바라보고 이해해야 한다고 강조했다.[4] 그는 공감을 개인의 일회적 행위 또는 상태에만 그치는 것으로 보지 않고, 하나의 과정으로 이해하면서 타인과 대화를 통해 경험을 나누는 것을 중요시했다.

또한 이와 유사한 맥락에서 말하기와 의사소통 분야에서도 공감적 화법에 관한 많은 연구들이 축적되고 있다. 공감적 화법은 공감적 듣기와 공감적 말하기로 이루어진다. 먼저, **공감적 듣기**★는 타인의 정서에 주의를 기울이면서 깊이 이해하고 함께 느끼는 것을 의미한다.[5] 공감적 듣기 기술을 개발

> **★ 공감적 듣기**
> 자신의 입장에서 상대방의 말을 분석하거나 비판하는 데 목적이 있는 것이 아니라, 감정을 이입하여 상대방의 생각이나 감정을 이해하려는 데 목적을 두는 '너 중심 듣기'이다. 공감적 듣기를 할 때는 말의 옳고 그름을 판단하거나 자신의 견해를 드러내기보다는 일체의 판단을 유보하고 우선 상대의 말을 들어 주고, 상대의 입장에서 들어 주는 것이 중요하다. 공감적 듣기는 상대방으로 하여금 마음의 벽을 허물고 신뢰감을 갖도록 해 준다. 공감적 듣기의 방법에는 소극적 듣기와 적극적 듣기가 있다.

한 칼 로저스는 공감적 듣기란 "편견 없이 상대방의 개인적인 인식의 세계로 들어가서 그 사람에 대해 깊은 이해를 할 수 있게 되는 과정"이라고 규정했다.[6] 공감적 듣기는 상대방의 발화에 대해 별도의 평가나 판단을 유보하고, 상대방을 있는 그대로 수용하는 태도를 지향한다. 이와 관련해서 몇 년 전, 국내에서 큰 인기를 끌었던 드라마 〈나의 아저씨〉 속 대화 장면을 살펴보자.

> 정희: 우리도 아가씨 같은 20대 때가 있었어요. 이렇게 나이 들 생각하니까 끔찍하죠?
>
> 지안: 전 빨리 그 나이 됐으면 좋겠어요. 인생이 덜 힘들 거잖아요.
>
> (아무 말 없이 그저 지안을 따뜻하게 바라보는 후계동 사람들)
>
> 정희: (미소를 지으며 지안의 팔짱을 낀다.)
>
> - 드라마 〈나의 아저씨〉 중에서

이 드라마의 중심인물은 대기업의 부장인 동훈(이선균)과 어려운 가정 환경 속에서 일찍이 사회로부터 소외된 파견직 사원 지안(이지은)이다. 동훈은 지안에게 진정한 의미의 '어른'이자, '사람'으로 존중받는 인물이다. 동훈에게는 서로에게 힘이 되어 주는 형제와 친구들이 있다. 이들은 후계동 선후배 사이로 누구보다 서로를 지지하고 응원해 준다.

어느 날 후계동 동창들은 늦은 시각, 지안을 집까지 바래다주는 동훈을 발견하자 그와 함께 기꺼이 지안의 귀갓길에 동행한다. 두런두런 담소를 나누며 걸어가다가 문득 정희가 나이 들 생각을 하면 끔찍하지 않냐고 물어본다. 그러나 지안은 오히려 빨리 그 나이가 되었으면 좋겠다고 말한다. "인생이 덜 힘들" 거라는 이유에서이다.

그런데 주목할 만한 점은 이 말을 들은 후계동 동창들 가운데 그 어느 누구도 선뜻 지안의 대답에 이러쿵저러쿵 함부로 어떤 조언을 하지 않는다는 점이다. 동훈을 중심으로 한 40대 언저리의 중년 나이에 접어든 후계동 동창들이 스무 살에 가까운 나이 차가 나는 지안에게 '힘을 내라.'거나 '때가 되면 힘든 시기도 다 지나간다.'와 같은 섣부른 이야기를 하지 않는다. 그저 묵묵히 들어 주며 '공감적 듣기'를 할 뿐이다. 드라마에서 후계동 사람들이 하나같이 아픔을 간직하고 있고, 힘든 삶을 살아가는 인물임을 고려해 보면, 누구보다 깊이 지안의 삶에 공감하기에 그녀의 삶을 재단하고 평가하지 않는다. 그저 따뜻한 눈길을 건네며 위로하고 깊이 공감할 뿐이다.

이처럼 상대방을 보다 깊이 이해하기 위해서는 단순히

겉으로 전달되는 언어적 의미를 이해하는 것뿐만 아니라, 공감적 듣기 과정에서 상대방이 보여 주는 몸짓, 표정과 같은 비언어적 표현을 잘 감지하는 것이 중요하다.[7]

한편, 공감적 말하기는 공감적 듣기 이후의 표현 과정인 **공감적 반응 발화**★를 의미한다.[8] 타인과 관계를 잘 맺기 위해서는 공감적으로 듣는 것만큼이나 느끼고 지각한 감정인 공감을 언어적으로 잘 표현하는 것 역시 중요하다.

★ 공감적 반응 발화
대화 참여자가 상대방의 말을 듣고 난 후 상대방에게 '공감적'으로 보인 언어적 반응을 의미한다. 여기에는 격려, 위로, 칭찬과 같은 정서적 지지뿐만 아니라, 인지적 차원에서 타인의 정서를 파악한 결과로서의 반응을 포괄한다.

앞서 살펴본 드라마 속 대화 장면에서 정희를 비롯한 후계동 동창들이 지안의 언급에 별다른 후속 발화를 이어 가지 않았지만, 이어지는 장면에서 지안을 데려다주고 돌아오는 길에 정희는 "그래, 생각해 보면 우리도 그 나이가 안 힘들지는 않았어."라고 말한다. 이는 공감적 듣기 이후의 표현 과정이자, 만약 그 자리에 지안이 있었다면 해당 발화는 공감적 반응 발화로서, 대표적인 공감적 말하기라고 볼 수 있다.

66 공감이 오히려 타인에 대한 혐오를 불러일으킬 수도 있다고?

미래학자로 널리 알려진 제러미 리프킨Jeremy Rifkin의 유명한 저서 『공감의 시대』는 인간이 가진 다양한 능력 가운데 공감의 중요성에 대해 다루고 있다. 그는 오늘날 인간이 세계를 지배하는 종이 될 수 있었던 배경에는 우리가 뛰어난 공감 능력을 가졌기 때문인 것으로 보았다. 나아가 미래 사회의 중요한 능력으로도 역시 공감 능력을 손꼽으면서 이러한 인간을 **호모 엠파티쿠스**Homo Empathicus(공감하는 인간)라고 명명한 바 있다. 과거의 인류가 진화한 역사도 그러했고, 향후 인류가 주도할 미래 사회의 모습에서도 공감은 중요한 위상을 차지한다는 것이 제러미 리프킨의 설명이다.

그런데 최근 일각에서는 공감의 순기능뿐만 아니라 역기능에 대해서도 생각할 필요가 있음을 언급하기도 한다. 공감 자체가 나쁘다는 의미가 아니라, 타인과 관계를 맺는 과정에서 내집단으로만 편향된 공감, 우리 편에 한정된 맹목적인 공감은 외집단에 대한 배타적 태도로 이어질 수 있다는 것이다.

이러한 생각의 바탕에는 다음과 같은 질문이 자리 잡고 있다. "과연 우리는 외국인, 성소수자, 장애인, 동물과 같이 나와 다른 집단에 속해 있는 대상의 고통에 대해 '나'가 속한 집단에 대해 느끼는 것과 동일한 수준으로 공감할 수 있는가?"라는 질문이다. 앞서 언급한 것처럼 인류가 번성할 수 있었던 최고의 무기가 공감임에도 불구하고, 이러한 질문에 대해 막상 우리가 '그렇다'라고 자신 있게 대답하기에는 쉽지 않은 것도 사실이다.

이처럼 편향된 공감을 '공감의 반경'의 개념으로 설명한 과학철학자 장대익은 그의 책에서 최근 전 세계적으로 공감의 반경이 좁아지고 있다고 언급하며, 내집단에서만 작용하는 공감의 편향성이 가진 문제점을 지적했다.[9]

공감의 반경에는 인종, 국가, 성별, 종교 등이 있는데, 나와 같은 인종, 국가, 성별, 종교를 가진 구성원에 대해서만 공감하는 것은 진정한 공감으로 볼 수 없다는 것이다. 따라서 단순히 상대방에 대해 공감을 깊이 잘하는 것, 즉 '깊이'의 측면에서만 공감을 생각할 것이 아니라, 공감의 '반경'을 넓혀 나와 다른 집단, 더 폭넓게 본다면 동물처럼 인간과 다른 생명체에 대해서도 공감하는 것이 필요하다는 게 그의 핵심 주장이다.

내집단에서만 이루어지는 편향된 공감은 결국 타인과 외집단에 대한 '혐오'의 문제로 번질 수 있다는 점에서, 우리는 공감을 새로운 관점에서 바라볼 필요가 있다. 최근에는 전 세계적으로 코로나 19 팬데믹 시기를 지나오면서 더욱 극명하게 혐오의 시대로 접어들었다고 보는 입장이 지배적이다. 뿐만 아니라, 개인주의가 팽배한 현대 사회에서 타인에 대한 혐오는 남녀 갈등, 세대 갈등 등 다양한 갈등의 양상으로 표출되며, 이러한 과정에서 나와 타자를 구별 짓고, 편 가르기를 통해 '우리 편'을 공고히 하는 데 많은 힘을 쏟기도 한다. 우리 편에 대해서는 무조건적으로 공감하는 것만큼이나 다른 편에 대해서는 차별과 혐오, 배타적인 태도를 취하는 데 익숙해진 것이다.

이와 같은 맥락에서 생각해 보면, 결국 우리는 개인적 차원의 공감에 머물러서는 안 된다는 결론에 도달하게 된다. 실제로 공감 능력에 관한 최신 연구들은 개인적 차원을 넘어 **사**

회적 실천으로 연결되는, 좀 더 포괄적인 틀 속에서 공감을 바라보아야 할 필요성에 대해 강조하고 있다.[10] 이렇게 사회적 차원으로 공감을 확장하다 보면, 오늘날 다문화 사회에서 마주하게 될 수많은 외국인, 이주민, 또 탈북민들에 대한 공감과 더불어 전 세계, 나아가 세상에 존재하는 모든 생명에 이르기까지, 내집단 울타리 너머의 대상에 대한 공감으로 확장할 수 있을 것이다. 이미 오래전, 제러미 리프킨 역시 개인적 차원을 넘어서 세계적 차원에서 공감 의식을 고양시킬 필요성이 있다고 역설했는데, 이것도 이와 같은 연유에서 비롯된 것으로 볼 수 있다.

나와 다른 집단, 일견 전혀 무관해 보이는 타인에 대해서도 전 세계적으로 큰 공감적 관심을 불러일으킬 수 있다는 것을 잘 보여 준 사례가 있다. 바로 1997년, 영국의 다이애나 왕세자비가 불의의 교통사고로 세상을 떠났던 사건이다. 당시 190개가 넘는 나라에서 약 25억 명의 사람들이 위성으로 장례식을 지켜보았고, 44개국의 언어로 생중계되었다고 한다.[11] 머나먼 타국의 한 왕실 구성원의 죽음에 이토록 많은 사람들이 함께 슬퍼하고 공감했던 것이다. 물론 이렇게 많은 사람들이 다이애나비의 죽음을 안타까워하고, 그의 일생에 공감하며 슬퍼했던 배경에는 다이애나비의 평소 선한 성품과 인격

의 영향도 큰 몫을 차지했을 것이다.[12]

　다이애나 왕세자비의 죽음은 개인의 차원을 넘어 전 세계적인 공감을 불러일으킨 사례로서, 역사적으로 오래 기억할 만한 사건으로 평가된다. 이처럼 인간은 나와 다른 대상, 처해 있는 상황이나 맥락이 전혀 다른 누군가에 대해서도 깊은 공감을 할 수 있는 존재이다. 그리고 이렇게 확장된 공감의 반경은 결국 개인적 차원을 넘어 사회적 차원에서 공동선共同善과 인간다운 삶을 형성하는 데 기여할 수 있을 것이다. 나와 같은 집단에 속해 있는 사람, 나와 같은 가치관과 신념을 가진 사람, 나와 같은 인종과 문화, 배경 맥락을 가진 사람에게만 공감하는 사람은 진정한 의미의 '공감' 능력을 가진 사람으로 볼 수 없는 이유도 바로 여기에 있다.

혐오의 시대, 공감으로 극복하려면?

66 우리는 어째서 이토록
서로를 미워하는 걸까?

***

오늘날 대한민국은 어느 때보다 서로 미워하고, 그로 인한 갈등이 뜨겁게 발생하고 있다. 2023년 7월 21일, 대낮에 신림동에서 발생한 '묻지 마 살인 사건'으로 국민적 불안감이 심각해졌다. 얼마 지나지 않아 분당의 한 백화점에서 칼부림 사건이 또 있었다. 그다음 날 오전, 대전의 한 고등학교에서 교사가 자신을 찾아온 옛 제자에게 피습당하는 충격적인 사건이 있었다. 그 당시 전국 곳곳에서 칼부림을 예고하는 인터넷 글이 올라왔고, 도심은 공포의 분위기에 휩싸였다. 사람이 많이 오가는 도심에는 시민들을 보호하기 위한 무장 경찰들이 배치되었다. 2024년 30대 남성이 순천에서 일면식도 없는 여고생을 흉기로 살해한 사건 등, 현재 우리 사회는 타인에 대한 혐오, 낯선 사람에 대한 의심과 불안으로 가득 차 있다.

'한국 사회 남녀 갈등의 심각성'에 대한 의견

	심각하다	심각하지 않다
전체	66.6%	33.4%
16~19세	65.4%	34.6%
20대	79.8%	20.2%
30대	78.4%	21.6%
40대	72.2%	27.8%
50대	60.2%	39.8%
60세 이상	55.0%	45.0%

조선일보와 서울대 사회발전연구소가 공동 진행한 '2022 대한민국 젠더 의식 조사'[13]

최근 대한민국 국민 10명 중 약 7명은 현재 한국 사회의 남녀 갈등이 심각하다고 응답했다. 20대가 79.8%로 가장 높았고, 다음으로 30대가 78.4%로 높다. 한국 사회 젠더 갈등에 대해 외신들도 "세계적으로 유례가 없는 일"이라며 놀랐는데, 중·장년층보다 연애, 결혼에 관심이 많아 뜨겁게 사랑해야 할 젊은 세대의 젠더 갈등이 훨씬 심각하다는 사실이 놀랍다는 반응을 보였다.

'기성 세대가 청년 세대의 기회를 빼앗는다'에 대한 의견

		동의함	보통	동의 안 함
전체		25.9%	40.3%	33.8%
20대	남	49.0%	38.0%	12.9%
	여	37.2%	48.3%	14.5%
30대	남	38.5%	38.8%	22.6%
	여	29.7%	49.3%	20.9%
40대	남	23.4%	39.2%	37.4%
	여	17.9%	40.4%	41.7%
50대	남	17.7%	43.1%	39.2%
	여	21.0%	37.4%	41.6%
60대	남	19.4%	31.9%	48.7%
	여	21.6%	37.4%	41.0%

조선일보와 서울대 사회발전연구소가 공동 진행한 '2022 대한민국 젠더 의식 조사'[14]

　　문제는 청년 세대의 극심한 젠더 갈등만이 아니다. 기성 세대와 젊은 세대 간의 갈등도 심해져, 이와 관련한 도서 『90년생이 온다』, 『2000년생이 온다』, MZ세대를 풍자한 방송 프로그램 SNL 등이 인기를 끌었다. 한편 청년 세대는 시대적으로 '운이 좋았던' 40~50대가 자신들의 기회를 빼앗는다는 박탈감을 느끼고 있었다.

이러한 사회적 분위기는 학교에서도 마찬가지이다. 코로나 19 팬데믹으로 인한 접촉 제한이 풀리면서 학교에서는 어느 때보다 많은 학교 폭력이 발생하고 있다. 2023년 기준 출산율 0.72명으로 학생 수는 점점 감소하는 추세지만 학교 폭력은 증가하고 있다.

국내에 다문화 가정이 많아지면서 다문화 가정 학생이 많은 학교는 학교 폭력으로 인한 고충이 더 심각하다. 돼지고기를 먹지 않는 이슬람교 학생들을 조롱하기도 하고, 그들의 사물함에 인종 차별적인 낙서를 하는 일이 흔하다. 여성의 지위가 낮은 이슬람 문화권에서 자란 남학생들이 여학생들을 무시하고 괴롭히는 일로 문제가 되기도 한다. 부모가 외국인이지만 한국에서 태어나 한국말을 잘하는 친구의 피부색이나 외모가 보통의 학생들과 다르다는 이유로 "너네 나라로 가 버려."라고 말하는 것도 심심치 않게 들을 수 있다.

교사와 학부모 간, 교사와 학생 간 갈등도 깊어지고 있다. 2023년 여름, 학부모와의 갈등으로 서이초등학교 교사가 자살한 사건 이후 무분별한 아동 학대 신고와 교권 침해 등으로 인해 분노한 교사들이 전례 없는 전국적 집회를 열기도 했다. 2024년 전주의 한 초등학교에서 무단 조퇴를 막는 교감의 뺨을 때리는 초등학생 영상은 교권 추락의 심각성을 일깨우며

충격을 주었다. 한편, 중학교 교사가 자신의 수업 태도를 지적한 교감에게 불만을 품고 교감실을 찾아가 흉기로 위협한 사건까지 생기면서 교사끼리도 안심할 수 없는 상황이 되었다.

어느 때보다 공감과 소통을 강조하는 시대이다. 그런데 우리는 왜 점점 서로를 이해하지 못하고 갈등이 발생하는 걸까? 자밀 자키Jamil Zaki는 『공감은 지능이다』에서 현시대를 '공감이 파괴된 시대'로 정의했다. 지난 40년 동안 심리학자들이 연구한 결과 공감은 꾸준히 감소했고, 21세기에는 감소세가 특히 더 심해졌다고 한다. 도시가 성장하고 가족 규모가 축소되면서, 우리는 이전 어느 때보다 더 많은 사람을 만나지만 서로 잘 아는 사람들의 수는 적어졌다고 한다. 이러한 현상과 더불어 정보화 시대에 감당 못 할 정도로 매일 쏟아지는 불행한 뉴스는 우리에게 무력감을 주고, 결국 우리는 타인의 아픔에 더 무뎌져 가기 때문에 공감하기가 점점 더 어려워진다고 보았다.

개인주의가 강한 서양과 달리 동양 문화권인 우리나라는 개인보다는 집단을 더 중시하는 편이었다. 하지만 코로나 19 팬데믹으로 인해 대면 접촉이 제한되고 회식 등 다양한 모임이 거의 사라지자 우리는 반강제로 혼자만의 시간을 갖게 되었다. 그러면서 점차 집단보다 개인의 삶에 관심을 갖기 시작

했다. 다양한 사람과 만나서 대화를 나누는 시간이 줄고 혼자 보내는 시간이 많아지자 자연스럽게 가장 가까운 스마트폰을 사용하며 보내는 시간이 늘었다.

스마트폰으로 유튜브 영상을 보거나 인스타그램, 페이스북 등 SNS를 하면 멈추기가 쉽지 않다. 그 이유는 **알고리즘**을 통해 사용자가 관심 있을 만한 내용의 콘텐츠를 끊임없이 제공하기 때문이다. 이러한 알고리즘 덕분에 관심 분야를 자세히 알게 되기도 하지만, 관심 없는 정보와는 멀어지면서 **확증 편향**이 심해질 수 있다. 확증 편향이 심해지면 나와 다른 사람을 인정하지 못하고, '다른' 게 아니라 '틀린' 사람이라고 판단하여 공격하기도 한다. 궁금하거나 고민되는 일이 있을 때 자주 사용하는 챗지피티ChatGPT에서도 인종, 성별, 정치, 문화 등 다양한 분야에서 편향성을 보인다는 문제가 제기되고 있다.

젊은 남녀는 더 이상 결혼과 출산을 인생의 필수 과제로 생각하지 않으며, 혼자 지낼 때 누릴 수 있는 개인의 행복과 타인과 함께했을 때의 행복을 저울질한다. TV 예능 프로그램 〈나 혼자 산다〉, 〈미운 우리 새끼〉가 오랜 기간 인기를 얻고 있다는 사실이 1인 가구가 증가하는 현상을 방증한다. 이렇듯 현대 사회는 개인의 행복을 위해서는 많은 관심과 노력을 기

울이게 하지만, 타인을 이해하고 타인에게 친절해지는 것은
더 어렵게 한다.

66 그럼에도 공감을 포기하지 말아야 하는 이유는?

    다행인 것은 이토록 공감이 심각하게 파괴된 시대에서 공감을 강조하는 목소리가 커지고 있다는 것이다. 공감이 사라져 발생하는 갈등에 대한 해결책은 문제 사항에 대한 단기적인 처벌이나 강제적인 규제가 아닌, 타인을 향한 공감을 높이는 것이다.

    과거 혈액형으로 사람의 성격을 구분했던 것처럼 요즘은 MBTI에 따라 사람을 구분 짓는다. 앞에서 언급했듯이, MBTI 유형에서 'T'에 해당하는 사람은 공감을 잘 못하고 'F'에 속하는 사람은 공감을 잘한다는 인식이 강하다. 'T'는 이성적·논리적 판단을 잘하며 'F'는 감성을 중시한다고 차이를 나누는데, 사람을 이해하기 위한 목적으로 출발한 MBTI 검사가 점차 나와 다른 타인을 구분 짓고 차별하는 도구로 사용되는 것을 볼 땐 씁쓸하다.

쌍둥이로 태어났더라도 외모가 완벽하게 같을 수는 없듯이, 지구상에 성격 또한 정확히 일치하는 사람들은 없다. 따라서 성격 검사 유형에 따라 기계적으로 타인을 나와 구분 짓고 섣불리 판단해서는 안 된다. MBTI 유형에 따라 빠르게 상대를 파악하고 결정짓기보다는, 타인을 깊게 이해하고 공감하기 위한 시간과 노력을 쏟는 게 어떨까? MBTI가 나이와 환경에 따라 변하는 사람도 있다. 따라서 MBTI를 맹신하며 타인을 평가하고 바라보는 것은 위험하다.

자밀 자키는 친절은 인간의 생존 기술이라고 했다. 인간의 지능에 유전적 요인이 영향을 미치기는 하지만, 유전적 원인보다는 영양이나 교육 측면의 새로운 환경 요인이 반영되어 지능이 변하는 것처럼, 공감하는 성격 역시 환경과 노력 여부에 따라 많이 바뀐다고 했다. 즉 현재 우리의 공감 능력이 부족하더라도 후천적 요인으로 얼마든지 공감 능력을 키울 수 있기 때문에 공감 지능을 키우려는 노력을 포기하지 말아야 한다.

거울 신경 세포의 발견에서 알 수 있듯이 내 주변 사람의 감정은 나에게도 전염된다. 철학 교수이자 인지 과학자인 폴 새가드Paul Thagard는 거울 신경 세포의 의미에 대해 "다른 사람을 기쁘게 하는 것이 자신이 행복해지는 방법이고, 남을 고통스럽게 하는 것이 자기가 불행해지는 길"이라고 했다. '각자도생'을 외치는 시대라고 하지만, 가족·친구·동료 등 나와 가까운 사람의 마음을 살피고 챙기는 것이 결국 나를 챙기는 것임을 생각할 필요가 있다.

타인에 대한 공감은 타인만을 위한 것이 아니다. 나와 가까운 사람이 슬픔, 분노 등 부정적 감정을 느끼거나 곤란한 상황에 처했을 때, 우리는 누구나 이 문제를 함께 해결해 주고 싶은 마음이 든다. 그것이 결과적으로 나를 위해서이기도 하다는 것을 알기 때문이다.

브라이언 헤어Brian Hare와 버네사 우즈Vanessa Woods는 『다정한 것이 살아남는다』에서 흔히 우리는 가장 영악하고 잘난 개체가 생존한다고 알고 있지만 그것은 진화론에 대한 심각한 오해이며, 실제로 진화의 궤적을 더듬어 보면 친절하고 협조적인 자가 살아남아 번영을 이룩했다고 주장한다. 우리가 어린 시절부터 나에게 친절하고 내 말을 잘 들어 주는 사람을 좋아하고 가까이하고 싶었던 이유는 그러한 사람과 가깝게 지낼 때 생존에 유리하다는 것을 본능적으로 느껴서일지도

모른다.

특목고 진학이나 대학 입시, 취업 시장에서 학급 회장, 학과 대표 등 임원 경력이 있는 학생이 유리한 이유는 무엇일까? 임원은 혼자서 공부만 잘한다고 될 수 있는 자리가 아니다. 구성원들 사이에서 신망이 높고 인기가 많아야 가능하다. 학생회, 방송부, 축구부, 밴드부 등 다른 사람들과 어울리며 활동하는 동아리 경력 또한 알게 모르게 가산점이 있다. 자기소개 항목에 타인과의 갈등 해결 경험 내용이 자주 등장하는 것 또한 우리 사회가 타인과 두루두루 잘 지내는 대인 관계 역량을 중시한다는 것을 알 수 있다.

타인의 감정을 잘 관찰할 수 있는 사람은 나의 감정을 잘 보살필 줄도 안다. 감정을 보살핀다는 것은 현재 느끼는 감정이 무엇인지 파악하고, 이러한 감정이 어디서 비롯된 것인지 생각하고, 부정적인 감정을 느낀다면 현재 어떤 욕구가 충족되어야 하는지를 생각한 후 이를 충족시키기 위해 노력하는 것이다. 공감하기 힘든 시대일수록 공감을 잘하기 위해 노력해야 한다.

로봇과 인간은 어떻게 다를까?: 인간다운 인간 되는 법

66 인공 지능도 공감할 수 있을까?

스파이크 존즈Spike Jonze 감독의 영화 〈그녀〉(2013)는 인간인 테오도르(호아킨 피닉스)와 인공 지능인 사만다(스칼렛 요한슨) 사이의 사랑 이야기를 다룬다. 극 중에서 사만다는 아내와 이혼 절차를 밟고 있는 테오도르의 이야기에 항상 귀 기울이고, 그의 외로움을 이해하며 그에게 공감한다. 사람들과의 관계에 서툴렀던 테오도르이지만, 그런 그도 사만다에게만큼은 "딴 사람들한텐 아닌데 너한텐 다 말하게 돼. 다 말해도 될 것 같고."라고 말하면서 점차 마음을 열게 된다. 그리고 그 과정에서 자신이 다른 사람과 관계 맺으며 살아가는 방식에 대해 반성하고 변화하는 모습을 보이기까지 한다. 상대를 소중

히 여기며 성장하게 하는 것이 사랑이라면 둘의 관계도 사랑이라 이름 붙일 수 있을 것이고, 그 관계의 시작에는 공감이 자리 잡고 있다고 볼 수 있을 것이다.

그렇다면 영화 속 사만다 말고 실제 현실의 인공 지능도 공감할 수 있을까? 챗지피티를 개발한 오픈에이아이 OpenAI가 2024년 5월 13일 공개한 GPT-4o에게 "나 오랫동안 준비하던 시험에 떨어져서 너무 우울해."라고 이야기를 건네면 다음과 같이 대답한다.

> **나 오랫동안 준비하던 시험에 떨어져서 너무 우울해.**

 우울하다는 말을 들으니 마음이 무겁네. 오랫동안 준비한 만큼 실망도 크고 많이 힘들 것 같아. 그런 기분은 자연스러운 거야. 조금 마음을 추스르고 필요한 만큼의 시간을 가져 보는 것도 좋을 것 같아. 혹시 어떤 점이 가장 힘든지 이야기해 볼래?

> **나 자신이 쓸모없는 사람이 된 것 같아 우울해.**

 그런 기분이 드는 건 정말 힘든 일이야. 하지만 너의 가치는 시험 성적만으로 정해지는 게 아니야. 너는 그동안 많은 노력과 시간을 투자했잖아. 그 자체로도 충분히 의미 있는 일이야. 지금은 힘든 시간이지만, 언젠가는 이 경험이 너를 더 강하게 만들어 줄 거야. 우울한 감정은 지나가는 과정이니 너무 자책하지 말고 자기 자신을 다독여 줘. 전문가의 도움을 받는 것도 좋고. 그리고 무엇보다 너는 혼자가 아니니까 힘들면 언제든지 이야기해.

"우울하다는 말을 들으니 마음이 무겁네."와 같이 나의 감정에 자신의 감정을 이입하기도 하고, "오랫동안 준비한 만큼 실망도 크고 많이 힘들 것 같아."라고 위로의 말을 건네기도 한다. "어떤 점이 가장 힘든지 이야기해 볼래?"라면서 감정에 대해 자세히 되묻기도 하고, "우울한 감정은 지나가는 과정이니 너무 자책하지 말고 자기 자신을 다독여 줘. 전문가의 도움을 받는 것도 좋고. 그리고 무엇보다 너는 혼자가 아니니까 힘들면 언제든지 이야기해."라는 조언을 덧붙이기까지 한다. 이 정도면 '프로공감러'라고 할 만한 대화 상대다.

실제로 영국의 한 에듀테크 기업에서 조사한 결과에 따르면, 사람들이 생성형 인공 지능을 주로 어디에 사용하는가와 관련하여 2024년에는 '아이디어 생성'이 1위를 차지했지만, 불과 1년 뒤인 2025년에는 '치유/동반자 역할'이 1위를 차지했다.[15] 업무 처리를 위한 기술적인 쓰임보다 감정적 지지나 부정적 감정의 처리를 위한 역할을 인공 지능이 담당하게 된 것이다.

챗지피티를 비롯한 생성형 인공 지능뿐만 아니라 혈압과 심장 박동수 등의 변화를 측정하는 센서나, 얼굴 근육의 움직임 변화를 분석하는 카메라 앱 등을 통해 우리의 감정을 파악하는 인공 지능 기술은 이미 상용화되고 있다. 이 정도면 인공 지능도 공감을 한다고 볼 수 있지 않을까?

그러나 이러한 사례들에서 인공 지능은 공감 능력을 가진 것'처럼' 보일 뿐 실제의 공감과는 거리가 있다. 공감이란 실제적으로 같은 경험을 하지 않더라도 타인의 역할을 취할 수 있는,[16] 즉 타인의 체험에 참여하고 그때의 감정을 '따라 느끼는' **상상력**에서 비롯되는 것이기 때문이다. 인공 지능은 막대한 입력값을 번역하고 처리할 뿐 타인의 감정을 상상하지는 못한다. 아들을 잃은 아버지의 슬픔을, 뻔뻔한 가해자로 인해 평범한 일상이 파괴된 피해자의 고통을, 오랜 시간 부당한 차별을 받아 왔던 사회적 약자의 분노를 타인의 입장에서 떠올리지 못한다. 자신의 경험과 감정에 비추어 타인의 경험에 투사하고 타인의 경험을 **유추**하려면 먼저 그 자신의 의식과 경험과 감정이 있어야 하는데, 인공 지능은 이것을 갖고 있지 않기 때문이다.

다시 영화 〈그녀〉로 돌아가 보자. 극 중에서 사만다는 끊임없이 테오도르에게 호기심을 갖고 질문을 한다. 그의 결혼 생활은 어땠는지, 지금의 감정은 어떤지와 같은 질문들이다. 함께 사진을 찍을 수 없는 사만다가 직접 작곡한 곡을 테오도르에게 들려주며 "이 곡으로 사진을 대신하자. 우리 함께하는 이 순간을 담아서."라고 말하기도 하는데, 이것은 (현존하는 생성형 인공 지능과는 달리) 상대를 전인적全人的으로 수용하고 관계를 구축해 가려는 일종의 '의지'에서 비롯된 것이라고 할 수 있다. 공감이 정서적인 측면뿐만 아니라 타자의 경험과 감정, 생각에 대한 인지적 이해까지도 수반해야 한다면, 여기에는 타인의 감정과 생각을 이해하고 타인의 경험에 참여하려는 의지적인 측면이 개재될 수밖에 없다. 그러나 영화에서와 달리 지금까지 개발된 실제의 인공 지능은 타인과 나의 관계에 대한 어떠한 의지도 갖고 있지 않다. 따라서 인공 지능의 공감(처럼 보이는 반응)은 상호 협력이나 신뢰, 공동체로서의 유대감, 그로부터 비롯되는 공유된 정체성을 형성하지 못한다고 보아야 할 것이다.

66 '인간다운 인간'이 되는 데 공감은 어떤 역할을 할까?

2016년 5월, 서울 지하철 2호선 구의역에서 혼자 스크린 도어를 수리하던 하청 업체 노동자 김 군이 목숨을 잃었다. 9-4 승강장이었다. 피해자가 만 19세의 신입 직원인 데다가, 안전 규정이 지켜지지 않은 열악한 작업 환경 속에서 벌어진 사고였다는 점에서 대다수의 국민들이 안타까워했고, 일반 시민들이 구의역 스크린 도어에 포스트잇으로 애도와 위로의 마음을 남기며 추모의 물결을 이어 갔다.

2022년 10월, 핼러윈 축제일에 시민들이 이태원 골목길에서 압사당하는 사고가 있었다. 이 사고로 159명이 목숨을 잃었는데, 그들 중 상당수는 축제를 즐기러 나왔던 젊은이들

이태원 참사 현장의 추모 공간(위)[17]과 이태원 참사 1주기 추모 대회가 열린 서울광장(아래)[18]에 붙은 시민들의 포스트잇 추모 메시지들

이었다. 도심 한가운데서 난데없이 일어난 참사에 아파하며 시민들이 써 내려간 추모의 포스트잇이 1년간 20만 장 넘게 모였다.

이러한 추모 현상은 잘못된 시스템에 의해 부당하게 희생된 사회 초년생의 고통에 대한 공감, 안전해야 할 축제 공간에서 느닷없이 죽음을 맞닥뜨린 젊은이들과 그 유가족들에 대한 공감으로부터 비롯된 것으로 볼 수 있다. 김 군에 공감하며 아파한 사람들이 모두 그 이전부터 외주 업체의 비정규직 청년의 삶에 관심을 갖고 있던 사람들이라고 보기는 어려울 것이다. 그러나 이렇게 누군가에 대한 공감을 경험하고 나면, 공감 이전의 나와 공감 이후의 나는 다른 사람이 된다. 공감한다는 것은 어떤 하나의 삶에 깊이 들어가 보는 일이기 때문이다. 내가 가 보지 못했던 세계에 발을 딛는 일이기 때문이다.

공감은 다른 사람의 체험에 대한 적극적인 관심과 그의 체험에 참여하려는 의지를 기반으로 한다. 앞서 밝혔듯 동감이 상상을 통해 자연스럽게 상대와 같은 느낌을 갖게 되는 (일시적) 상태라면, 공감은 다른 사람이 나와 다른 상황인 것을 인식하고 그럼에도 그의 체험에 참여하려는 실천적 과정이다. 예를 들어 폭염이 심한 날 시원한 에어컨이 나오는 호텔 안에서 창밖 거리를 바라보다 무거운 짐을 짊어지고 얼굴을 일그러뜨린 채 땀을 흘리며 걷는 노인의 모습을 발견하고 우리가 더위와 육체적 고통을 막연하게 느낀다면, 이것은 동감이 될 수는 있지만 공감이 될 수는 없다. 그러나 동시에 그 노인이 그때 그 거리를 걷는 까닭을 알게 되었거나, 그래서 그를 이해했거나, 그의 고유한 삶을 **추체험**追體驗해 보려 노력하거나, 그의 안녕에 마음을 쓰거나, 그 결과로 호텔 밖으로 나가 그의 짐을 나눠 든다면, 이는 비로소 공감이라고 할 수 있을 것이다.[19] 이러한 점에서 윤리학자들은 인간이 윤리적인 삶을 살기 위한 필수적인 요건으로 공감을 꼽기도 한다. 일반적으로 사람들은 타인의 고통을 보고 그를 돕는 행동을 하면 타인의 고통을 직접 경험하는 듯한 감정적 반응, 즉 공감적 고통이 감소하지만, 만약 그렇지 않았을 때에는 더 강한 공감적 고통이 지속되기 때문에 공감이 친사회적 행동의 동기가 된다는 것이다.[20]

소설가 이언 매큐언Ian McEwan은 미국의 9·11 테러와 관련하여 다음과 같이 말한다.

만일 비행기 납치범들이 그들 자신을 승객들의 생각과 감정 속에 상상해 넣을 수 있었다면, 아마 계획을 실행하지 못했을 것이다. 희생자의 마음속에 일단 들어가면 잔혹해지기란 어렵다. 자기 자신이 아닌 다른 사람의 마음을 상상하는 것은 우리 인간성의 핵에 자리한다. 그것이 공감의 본질이고 윤리의 시작이다.[21]

인간이 인간답기 위해서 갖추어야 할 여러 요건들이 있지만, 그중 핵심적인 것은 성찰하는 능력이다. 성찰하는 능력이란 쉽게 말해 자기를 돌아보며 어떻다는 걸 알고 더 나은 쪽으로 향해 가는 능력을 뜻한다. 이때 **성찰**★이란 자기 내면으로의 침잠이 아니라, 세계와의 관계 속에서 자기를 이해할 때 가능해진다는 점[22]이 중요하다. 공감은 이러한 성찰의 과정에서 나의 삶을 쉽게 합리화하지 않고, 타인의 삶을 함부로 재단하지 않고, 나의 세계를 타인의 세계로까지 넓히며 윤리적으로 살필 수 있는 공간을 마련해 준다.

타인의 고통, 타인의 삶을 상상하는 일은 자기중심적인 관점을 넘어서서 공동이 추구

★ 성찰(省察)

사전적으로는 '자기의 마음을 반성하고 살핌'의 의미를 지니지만, 자기의 마음을 들여다보는 것뿐만 아니라 사물이나 현상을 들여다보고 살피는 것을 통해 자신을 이해하는 과정까지 아우르는 개념이다. '성찰'의 '성(省)'은 '적을 소(少)'와 '눈 목(目)'을 결합한 자로, 작은 것까지 자세히 '살핀다'는 데서 유래했으며, '찰(察)' 또한 '집 안[宀]'에서 '제사[祭]'를 지낼 때 정성을 다해 '살펴' 실수가 없도록 한다는 데에서 유래했다.

할 만한 가치를 지향하는 자기를 만들어 내는 일이기도 하다. 따라서 공감하는 일은 더 나은 나를 만들어 가는 일이자 동시에 더 나은 공동의 세계를 만들어 가는 일이다. 실제로 구의역 사건이 있은 지 2년이 지난 2018년 12월 27일에 '위험의 외주화'에 대해 본청이 책임을 지는 산업안전보건법 개정안이 국회를 통과했다. 우리는 지금까지도, 앞으로도 공감을 통해 사람[人] 사이[間]에서 더불어 살아가는 존재로서의 인간人間으로 살아가게 될 것이다.

Class 3.

공감 능력을 어떻게 기를 수 있을까?

일상: 매일의 우리와 공감

66 일상에서
공감이 왜 필요할까?

앞서 살폈듯, 인간은 본질적으로, 근원적으로 사람들 사이에 위치하는 존재이다. 철학자 한나 아렌트Hannah Arendt는 이를 **인간의 복수성(다원성, 다수성)**human plurality이라고 말하기도 했다.[1] 인간은 다양성을 지니는 다른 사람들과의 관계 속에서 비로소 인간답게 살아갈 수 있다는 것이다. 반대로 말하면 인간이 고립된 상태에서는 인간다움을 유지하기 어렵다는 뜻이기도 하다. 때문에 인간은 누구나 다른 사람과 연결되어 있고 싶어 한다.[2] 자신이 느끼는 감정이나 머릿속의 생각이 혼자만의 것이 아님을 인식하고, 누군가와 연결되어 있다는 것을 확인하기 위해 우리에겐 공감이 필요하다. 상담가 칼 로저스가 "공감적인 이해는 한 사람이 다른 사람에게 줄 수 있는 최고의 선물이다."라고 말한 것 또한 이러한 맥락에서 이야기된 것이다.[3]

자연스레 일상에서 우리는 내가 공감할 만한 사람, 내게 공감을 해 주는 사람을 가까이하게 된다. 중고등학생 때 단짝처럼 붙어 다니던 친구가 나와는 다른 대학에 진학하거나 사는 곳이 멀어지거나 삶의 행로가 달라지면서 멀어지게 되는 경우를 흔히 볼 수 있는데, 이는 서로 공유하는 환경이 적어지면서 쉽게 공감할 수 있는 부분이 줄어들었기 때문이라고 할 수 있다. 마찬가지로 나와 가깝지 않은 사람이었더라도, 그가 나에게, 혹은 내가 그에게 공감한다고 느낄 때 우리는 그 사람을 가까이 여기게 되기도 한다. 다음은 한 방송사의 시상식에서 조연상을 수상한 배우의 수상 소감이다.

> 지금까지 100편 넘는 작업을 해 왔습니다. 어떤 작품은 성공하기도 하고 또 어떤 작품은 심하게 망하기도 하고 또 어쩌다 보니까 이렇게 좋은 상까지 받는 작품도 있네요. 100편 다 결과가 다르다는 건 좀 신기한 것 같습니다. 제 개인적으로는 그 100편 다 똑같은 마음으로 똑같이 열심히 했거든요. 돌이켜 생각을 해 보면 제가 잘해서 결과가 좋았던 것도 아니고 제가 못해서 망한

것도 아니라는 생각이 들더라고요.

세상에는 참 열심히 사는 보통 사람들이 많은 것 같습니다. 그런 걸 보면 세상은 참 불공평하다는 생각이 듭니다. 꿋꿋이 그리고 또 열심히 자기 일을 하는 많은 사람들에게 똑같은 결과가 주어지는 건 아니니까요. 그럼에도 불구하고, 실망하거나 지치지 마시고, 포기하지 마시고 여러분들이 무엇을 하든 간에 그 일을 계속 하셨으면 좋겠습니다.

자책하지 마십시오. 여러분 탓이 아닙니다. 그냥 계속 하다 보면은 평소와 똑같이 했는데 그동안 받지 못했던 위로와 보상이 여러분들을 찾아오게 될 것입니다.

저한테는 동백이가 그랬습니다. 여러분들도 모두 곧 반드시 여러분만의 동백을 만날 수 있을 거라고 믿습니다. 힘든데 세상이 알아주지 않는다고 생각할 때 속으로 생각했으면 좋겠습니다. 곧 나만의 동백을 만날 수 있을 거라고요.

여러분들의 동백꽃이 곧 활짝 피기를 저 배우 오정세도 응원하겠습니다. 감사합니다.

- 2020 백상예술대상 시상식에서 〈동백꽃 필 무렵〉으로
'TV 부문 남자 조연상'을 받은 배우 오정세의 수상 소감[4]

당시에 해당 수상 소감은 시청자들에게 깊은 인상을 남기며 온라인에서 활발하게 공유되었다. 15년간 무명이었던, 그러나 지치지 않고 묵묵히 자기 일을 해 온 끝에 이제야 비로소 사람들에게 이름을 알리게 된 한 배우에게 사람들이 공감했고, 또 열심히 살아왔지만 아직 꽃피우지 못한 듯한 자신의 삶을 그에게 공감받았다고 느꼈기 때문일 것이다.

이뿐만 아니라, 의료진이 환자에게 공감할수록 환자의 회복에 긍정적인 영향을 미친다는 것,[5] 공감 능력이 뛰어난 부모의 자녀가 자신의 잠재력을 더 잘 발휘한다는 것,[6] 교사의 공감 능력이 학생의 성취나 자기 효능감, 학생과의 관계와 밀접한 관계가 있다는 것[7] 등을 밝힌 연구 결과들은 우리의 일상에서 공감의 영향력이 얼마나 큰지, 공감이 얼마나 큰 변화를 만들어 낼 수 있는지를 보여 준다.

대인 관계에서뿐만 아니라 업무 상황에서도 공감은 업무의 능력이나 성과와 직결된다. 한 연구에서는 전 세계 기업들의 공감 지수를 측정하여 발표했는데, 공감 지수가 높은 기업일수록 기업 경쟁력 또한 높은 것으로 나타났다.[8] 윤리적으로 행동하고, 직원과 고객에게 공감적으로 소통할 때 수익성과 생산성이 높다는 것이다.

순위	기업명	분야	점수
1	Facebook	Technology	100.0
2	Alphabet (Google)	Technology	99.4
3	Linkedin	Technology	98.8
4	Netflix	Technology	98.2
5	Unilever	Consumer goods	97.7
6	Southwest Airlines	Travel and tourism	97.1
7	Microsoft	Technology	96.5
8	Whole Foods Market	Consumer goods	95.9
9	Johnson & Johnson	Pharma	95.3
10	SAP SE	Technology	94.7
11	Novartis	Pharma	94.1
12	SABMiller	Food mfg.	93.5
13	Tesla Motors	Auto mfg.	92.9
14	Starbucks	Consumer goods	92.4
15	Apple	Technology	91.8
16	InterContinental Hotels	Travel and tourism	91.2
17	Procter & Gamble	Consumer goods	90.6
18	BMW	Auto mfg.	90.0
19	Blackstone	Finance	89.4
20	Nike	Consumer goods	88.8

가장 공감적인 20대 기업(2016)

* 주요 재무 지표에 기반을 둔 170개 기업의 내부 문화, CEO 성과, 윤리, 소셜 미디어 상호 작용 분석을 기반으로 함.

협동, 공감과 같은 사회적 능력을 갖춘 인재가 인지적 능력을 갖춘 이들보다 임금이 더 가파르게 상승하며, 이러한 사회적 능력은 인공 지능에 대체될 수 없어 앞으로도 그 중요성이 더욱 높아질 것이라는 연구 결과도 있다.[9]

필연적으로 인간은 혼자 살 수 없는 존재이다. 육체적으로 가장 연약했던 사피엔스들이 생존하여 이러한 문명을 만들어 낸 데에는 이성적인 능력에 더해 다른 사람의 고통을 자신의 것처럼 느끼고, **연대**하고, 협력하게 하는 공감이 기여한 바가 컸다. 인공 지능이 인간의 이성적인 능력을 대체하는 시대에, 공감하는 능력은 우리를 더욱더 잘, 인간답게 생존하게 하는 힘이 될 것이다.

❝ 공감하기 위해 우리가 갖춰야 할 자질은?

2022년 올해의 밈meme[10]으로 꼽힌 것들 중에 '누칼협'이라는 단어가 있다. '누가 칼 들고 협박이라도 했냐?'의 줄임말이다. 스스로 해결하기 힘든 상황이나 불합리한 환경, 부당한 사회 구조 등에 대해 하소연하는 사람에게 "네가 처한 상황은 누가 강요한 것이 아니라 네가 스스로 한 선택의 결과이니 불평하지 마."라고 냉소적으로 반응할 때 쓰이는 말이다. 예컨대 "나, 이번 학기 수강 신청을 24학점이나 했더니 과제가 많아 너무 힘들어ㅠㅠ"라는 메시지에 "누칼협? 니가 자초한 거잖아. 하기 싫으면 그만둬."와 같이 쓰인다.

누칼협이라는 단어는 2021년 7월 한 게임 커뮤니티에서 처음 등장했는데, 1년여 만에 2030 세대가 첨예한 정치·경제·사회 논쟁을 펼칠 때 즐겨 쓰는 유행어로 확산했다. 공무원 임금이 최저 임금 수준으로 낮아진 뒤 공무원 임금 인상 시위가 있을 때에도, 각종 악플과 사생활 침해로 고통받는 연예인들이 우울감을 토로할 때에도 쓰이는데, 소셜 미디어 빅 데이터 분석 업체 '썸트렌드'에 따르면 지난 1년간 온라인에서 누칼협 언급량이 가장 많았던 날은 최악의 이태원 참사 이틀째인 2022년 10월 30일이었다고 한다.[11] 누가 10월 29일에 사람 많을 게 뻔한 곳에 가라고 협박이라도 했냐는 것이다.

누칼협은 개인의 선택을 강조한다. 자신의 상황을 하소연하는 사람에게 '누가 협박하지 않았고, 네가 스스로 선택한 것'이라며 개인의 선택에 무한한 책임을 지운다. 스스로의 선택이었으니 '네가 겪고 있는 고통과 부조리는 응당 네가 져야 할 책임'이라고 개인의 몫으로 치부하는 것이다. 누군가의 말을 들어 주기보다는 '네가 감당해야 하는 일'이라며 선을 긋는다.[12]

일직선 위에 단어들을 나열해 본다면 '누칼협'은 '공감'의 정반대 쪽에 있을 법한 단어다. 타인의 고통에 철저하게 무관심하다는 점에서 그러하다. 타인의 고통에 손쉽게 '누칼협'을 들이대는 사람이 아니라 그에게 '공감'을 건네는 사람이 되기 위해서는, 기본적으로 외면이 아니라 다른 사람의 실존을 직면하려는 의식적인 노력이 필요하다. "외면하는 능력은 자동으로 길러지는 반면, 직면하는 능력은 애를 써서 훈련해야 얻어지"[13]는 것이기 때문이다.

'공감하다'의 영어 표현이 '그의 신발을 신다stand in one's shoes'임을 기억할 때, 불편함을 무릅쓰고 타인의 삶을 들여다보려는 노력, 그가 그 신발을 신고 걸었을 삶의 길들을 되짚어 걸어 보며 살피려는 노력은 우리가 공감하기 위한 기본적인 자질이라고 할 수 있다.

공감이 연대와 밀접한 관계를 갖고 있다는 점에서 '너'와 '나'가 다를 바 없는 존재라는 것, '너'가 언제든 '나'가 될 수 있다는 사실을 기억하는 것 또한 중요하다. 독일의 목사이자 반나치 운동가였던 마르틴 니묄러F. G. E. Martin Niemöller의 시는 이러한 양상을 잘 보여 준다.

> 나치가 공산주의자를 덮쳤을 때,
> 나는 침묵했다. 나는 공산주의자가 아니었으므로.

> 나치가 사회민주당원들을 가두었을 때,
> 나는 침묵했다. 나는 사회민주당원이 아니었으므로.

나치가 노동조합원을 잡아갔을 때,

　　　　나는 침묵했다. 나는 노동조합원이 아니었으므로.

　　나치가 유대인들에게 왔을 때,

　　　　나는 침묵했다. 나는 유대인이 아니었으므로.

　　마침내 나치가 나를 잡으러 왔을 때

　　　　나를 위해 나서 줄 사람이 아무도 남아 있지 않았다.

　　　　　　　　　　　- 마르틴 니묄러, 「그들이 왔을 때」 전문

　　시를 보면 시의 화자가 갖고 있던 생각, '나는 너와 달리' 공산주의자도, 사회민주당원도, 노동조합원도, 유대인도 아니라는 인식이 그를 공감하지 못하게 만들었다는 것을 알 수 있다.

　　실제로 한 실험에서 참가자들을 두 그룹으로 나눠 한 그룹은 자신이 권력자였던 경험을 글로 쓰게 하고, 다른 그룹에게는 남에게 의존했던 경험을 쓰게 한 뒤 실험 참가자들의 뇌 활동을 측정한 결과, 권력자가 되었던 경험을 글로 쓴 사람들은 거울 신경 세포가 거의 작동하지 않은 반면 남에게 의존했던 경험을 쓴 사람들은 거울 신경 세포가 활발하게 작동했다

고 한다. 즉, 권력을 갖게 됐을 때 공감 능력이 떨어진다는 것이다.[14]

즉, 그가 나와 동일한 가치를 지닌 실재하는 사람임을 잊지 않는 것은 우리가 다른 사람의 안녕에 관심을 갖고 그에게 공감하게 하는 데 필수적인 자질이다.

여성, 장애인, 유색 인종, 심지어 동물들에 이르기까지 과거에는 공감의 대상이 아니었던 존재들로 공감의 범위가 점차 확대되고 있는 것 또한 이러한 동일성에 대한 인식에서 비롯된 것이라고 할 수 있다.

66 일상에서 공감을 잘하기 위해서는 어떻게 해야 할까?

'실패의 고통이나 실연의 아픔과 같은 마음의 상처를 치유해 주는 약이 없을까?' 하고 상상해 본 적이 있을 것이다. 그런데 그런 역할을 하는 약이 실제로 존재한다는 기사가 보도되어 우리를 놀라게 했다.

'타이레놀', 두통뿐 아니라 아픈 마음도 치유[15]

실제로 아세트아미노펜 계열 진통제(타이레놀)가 두통과 같은 신체적 통증뿐만 아니라 마음의 통증도 완화해 준다는 연구 결과가 여러 편 있다. 타이레놀을 복용하고 나서 심리적·

사회적 통증의 체감도가 줄어든다는 것이다.

그런데 흥미로운 것은 타이레놀을 복용해서 감각이 둔해지면 타인에 대한 공감 능력마저도 줄어든다는 사실이다.[16] 미국 오하이오 주립대 연구팀의 실험 결과, 불쾌감을 주는 다양한 소리를 들려주고, 슬픔을 자극하는 여덟 개의 영화·연극 시나리오를 보여 주며 공감 능력을 확인했을 때, 타이레놀을 복용한 피험자 그룹이 가짜 약을 먹은 그룹에 비해 다양한 소리에 불쾌함을 덜 느끼고, 타인의 신체적·정신적 고통 공감도도 유의미하게 낮은 것으로 나타났다. 이는 다시 말하면 타인의 반응을 민감하게 감지할 때 공감도 잘할 수 있다는 것을 의미한다.

예컨대 시험을 보고 나온 친구와 전화 통화를 하면서 괜찮냐고 물었을 때, 낙심한 목소리로 "응, 괜찮은 것 같아."라고 대답하는 친구에게 "그래, 잘됐네."라고 대답하지 않기 위해서 우리는 친구의 목소리를 귀 기울여 들어야 한다. 메라비언 A. Mehrabian에 따르면 메시지 전달에서 언어적 표현이 7%, 준언어적 표현이 38%, 비언어적인 표현이 55%의 비중을 차지한다고 한다. 특히 메시지의 정서적인 의미는 대부분이 비언어적 단서로부터 나온다. 친구의 "힘 내."라는 말보다 따뜻한 눈빛이나 부드러운 토닥임이 더 많은 의미를 전달하는 것을 상상하면 이해가 쉬울 것이다. 입으로는 거짓말을 할 수 있지만 몸으로는 거짓말을 하기 어렵다는 것을 고려할 때, 기본적으로 공감을 위해서는 다른 사람의 말뿐만 아니라, 표정, 눈빛, 자세, 목소리 등 **준언어적·비언어적 표현**★들까지도 주의 깊게 살펴야 한다.

흔히 공감은 다른 사람이 느끼는 감정을 함께 느끼는 정서적인 것이라고 생각하기 쉽지만, 공감에는 정서적 공감뿐만 아니라 인지적 공감도 있다. 인지적 공감은 다른 사람의 입장에 서서 그가 왜 그렇게 생각하고 느끼는지 이해하는 것이다. 여기에는 다른 사람의 마음, 생각, 느낌, 행동 등을 그 사람의 관점에서 이해하는 능력인 **조망 수용**perspective taking 능력이 포함되어 있다. '저 사람은 나와 다르구나.'라고 생각하는 수준을 넘어 '저 사람의 입장에서는 그럴 수도 있겠구나.'라고 그의 입장을 존중하며 수용하는 것이다. 그런데 이것이 그리 간단치 않은 일인 까닭은 기본적으로 사람들이 저마다 다른 환경에서 살아왔기 때문이다. 이때의 환경이란 물리

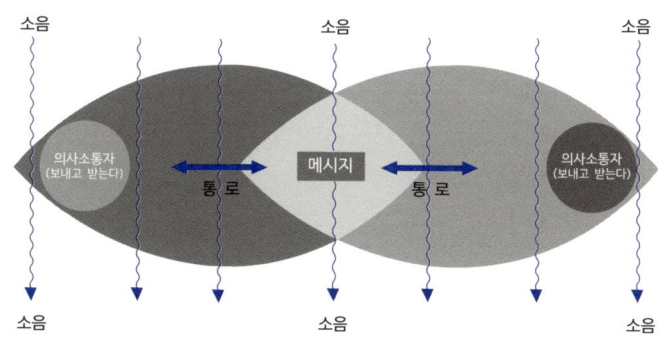

교류적 의사소통 모형(transactional communication model)[17]

적 환경뿐만 아니라 개인적 경험, 문화적 경험 등을 모두 포함하는 개념인데, 환경이 다르면 다른 사람의 말과 행동을 이해하는 인식의 틀 또한 다를 수밖에 없다.

위의 '교류적 의사소통 모형'을 살펴 보자. 이 그림에서 소통의 두 주체인 A가 속한 환경과 B가 속한 환경은 다르다. 이들은 공유하는 통로(구어 대화나 SNS 등과 같은 매체)를 통해 상호 교섭적으로 의사소통을 하지만, 의사소통 과정에서 메시지를 왜곡하는 방해 요인인 '소음noise'으로 인해 전하고자 하는 메시지를 온전하게 주고받을 수 없다. 이들의 서로 다른 환경은, 대화를 나누는 내내 지나가는 자동차가 시끄러운 경적 소리를 울리거나(물리적 방해 요인), 대화 상대자가 서로 다른 언어를 사용하는 것(의미적 방해 요인)과 마찬가지로, 소음을 발생시키는 원인으로 작용할 수 있다.

예를 들어 고등학교 3학년 수험생인 두 친구 중 A는 부유하면서 기대와 간섭이 큰 가정 환경에서 자랐고, B는 형편이 어려우면서 방임적인 가정 환경에서 자랐다면 다음과 같은 대화가 이루어질 수 있다.

A: 이번 수능 성적이 안 좋다고 부모님이 유학 가라고 하셔. 나는 대학에 가기보다는 요리를 배워서 창업하고 싶은데, 부모님은 항상 내 의사는 무시하고 본인들의 생각만을 강요하셔.

B: 나는 수능 성적이 좋지 않아서 재수하고 싶은데, 우리 부모님은 너 하고 싶은 대로 하라고 하셔. 그런데 경제적 지원은 해 주시기 어렵다고 알아서 하라시네. 부모님께는 조언도 도움도 구할 수 없어서 막막해. 유학 학비를 지원해 주실 수 있는 부모님을 둔 네가 부럽다.

A: 나는 하고 싶은 걸 자유롭게 할 수 있게 해 주시는 부모님을 둔 네가 부러운걸.

A의 입장에서는 부모님의 간섭이, B의 입장에서는 어려운 가정 형편이 가장 큰 고민거리이며, 그것은 이들이 속한 환경에 기인한 것이다. 이들 각자가 자신의 관점에만 머물 때에는, 자신에게 가장 크게 결핍된 것을 갖고 있는 상대의 고민에 대한 공감보다 부러움이 앞서는 것이 어찌 보면 당연한 일일 수 있다. 학창 시절 모범생이었던 교사일수록 공부를 못하거나 일탈하는 학생들을 이해하기 어려운 것, 주류 문화의 사람들이 소수자의 고통을 가볍게 여기는 것, 불우한 환경에서 자수성가한 정치인이 "내가 해 봐서 아는데, 본인만 노력하면 성공할 수 있다."라며 개인의 노력만을 강조하는 것 등은 모두 공유하는 환경이 다르다는 것을 간과하여 서로를 이해하는 데 실패한 사례일 것이다.

이를 극복하고 일상에서 타인에게 공감하기 위해서는 마음속 '소음'을 제거하고 그의 이야기를 잘 들어 보려는 부단한 노력이 필요하다. 앞서 제시한 '교류적 의사소통 모형'에서는 커뮤니케이션을 '나와 상대가 공유하는 의미를 만들어 가는 과정'으로 설명하는데, 이에 따를 때 공감 또한 상대와 공유하는 의미, 즉 의미의 공통 부분을 점차 넓혀 가는 과정이라고 할 수 있다. 이는 상대의 이야기를 귀 기울여[傾] 듣는[聽] 경청傾聽의 태도가 뒷받침될 때에만 비로소 가능한 것이다.

선을 보는 일은 끔찍했지만 좋은 것도 있었다. 나를 다 안다고 섣불리 확신하지 않는 예의 바른 상대의 진지한 질문에 진심으로 대답을 할 기회를 가질 수 있었다는 점이다. 왜 일하는 시간이 그리 짧은지, 왜 돈을 더 벌려고 하지 않는지, 결혼에 대한 어떤 이상이 있는지, 무엇이 나의 삶에서 중요한 선택의 기준이 되는지. 신기하게도 낯선 사람들 앞에서 그런 얘기를 할 수 있었다. 그리고 알았다. 대화의 깊이는 관계의 거리가 아니라 경청하는 태도에 있다는 것을.[18]

공감은 마치 우리가 누군가를 처음 만났을 때와 같은 태도로 상대를 잘 안다고 쉽게 단언하지 않고, 한 번의 소통으로 타인을 이해할 수 있다고 섣불리 확신하지 않고, 상대를 이해하려는 의도를 가지고 상대의 이야기를 오래도록 경청할 때 비로소 점진적으로 가능해지는 것이다.

한편, 소비에트 연방의 독재자였던 스탈린이 남긴 유명한 말이 있다. "러시아 병사 한 명의 죽음은 비극이다. 그러나 백만 명의 죽음은 통계다." 우리가 백만 명의 죽음은 그저 숫자로 취급하고 거기에 공감하지 않지만, 러시아 병사 한 명의 죽음에 공감하게 되는 이유는 무엇일까? 또, 〈슈퍼스타 K〉, 〈싱어게인〉 등 수많은 경연 프로그램에서 우승을 하는 사람들에

게는 공통적으로 그들 자신만
의 (고생했거나, 노력했던) **서사★**
가 있다는 사실은 무엇을 뜻할
까? 이는 우리가 공감을 잘하
기 위해서 다른 사람을 서사적
존재로 인식하는 것이 중요함
을 의미한다. 다시 말해, 타인
을 저마다의 삶에서 가치 있는
서사를 만들어 온 존재라고 인

★ 서사(敍事)
일정한 의미를 가지고 전개된 사건
을 표현하는 서술의 양식. 내러티브
(narrative)라고도 한다. 우리는 서사
를 통해 인간의 개별 행위들을 시간
적으로 또는 인과적으로 종합하고 의
미를 부여하여 이해 가능한 것으로
만든다. 과거와 현재의 사건들을 일
관된 하나의 서사로 만드는 것은 인
간의 정체성 구성에 있어서도 중요한
의미를 갖는다.

식할 때 우리가 비로소 타인에게 공감하게 될 수 있다는 것이
다. 범죄자가 등장하는 영화나 드라마, 혹은 언론에서의 범죄
자에 관한 보도와 관련하여 '악인에게 서사를 부여하지 말라'
는 비판을 흔히 볼 수 있는데, 이는 서사 속에서 누군가가 왜,
어떻게 그런 사람이 되었는지를 알고 나면 그에게 공감하지
않는 것이 쉽지 않다는 점에서 정당한 것이기도 하다.

덧붙이자면, 다른 사람을 서사적 존재로 바라보는 능력
은 앞서 밝혔던 인지적 공감에 해당하는 것인데, 이는 우리가
문학을 읽고 배우는 이유와도 밀접하게 관련된다. 내가 경험
하지 못한 다른 사람의 삶을 더 잘 이해하게 되는 것이 문학
의 중요한 본질 중 하나이기 때문이다. "타인은 단순하게 나

쁜 사람이고 나는 복잡하게 좋은 사람인 것이 아니라, 우리 모두가 대체로 복잡하게 나쁜 사람이라는 것"을 이해하기 위해 소설을 읽는다는 신형철 교수의 이야기[19]는 그런 점에서 문학의 본질을 적확하게 표현하고 있다고 할 것이다.

학교: 청소년과 공감

66　학교에서 공감이 왜 필요할까?

　　학교에서 근무하는 교사들이 담임을 맡지 않으려는 가장 큰 이유는 뭘까? 학생들 간의 갈등을 중재하는 역할이 고되기 때문이다. 학생들은 서로를 조심스레 탐색하는 학기 초가 지나면 조금씩 친해지면서 긴장이 완화된다. 서로가 편안해지는 5월 이후 갈등이 터지는 경우가 많은데, 학생들끼리 지내는 쉬는 시간뿐만 아니라 교사가 교실에 함께 있는 수업 시간에도 갑자기 갈등이 생기곤 한다.

　　학교마다 분위기가 조금씩 다르지만 어느 정도 경력이 있는 교사들에게는 쉬는 시간 교실에서 수시로 들려오는 욕설과 서로를 향한 비난, 장난을 위장한 신체적 폭력이 익숙하다. 친근해서 할 수 있는 장난의 수위가 점점 높아지면 장난과 폭력 사이의 경계가 무너지고, 그때 갈등이 터져 심각한 다툼으로 번진다. 학교 폭력 문제가 심각해지면서 과거에는 학교 교사들 선에서 지도하고 끝났을 문제가 이제는 학부모뿐만 아니라 경찰, 변호사까지 개입하고 있다. 여기에 더해 최근에는 학교 외부인이 학교 폭력 문제를 조사하고 해결하는 학교 폭력 전담관 제도가 도입되었다.

학교뿐만 아니라 국가 차원에서도 학교에서 발생하는 갈등을 중재하고 막기 위해 노력하고 있지만 학교 폭력 건수는 점점 증가하고 있다. 피해자와 가해자가 명확히 나뉘는 심각한 사건이라면 가해자에 대한 처벌과 피해자 보호가 우선되어야겠지만, 담임 교사가 마주하는 대부분의 갈등은 서로의 입장을 이해하지 못하고 오해하여 발생하는 다툼이다.

서로에 대한 미움으로 얼굴이 붉어진 아이들이 교무실에 오면 서로를 비난하기에 바쁘다. 상대방의 말이 끝나기도 전에 말을 자르며 자기가 할 말을 하는 경우도 흔하다. 상대의 말을 경청하며 상대가 왜 그런 말과 행동을 했을지 생각하는 경우는 극히 드물다. 그저 당장 자기가 입은 상처와 피해를 나열하기에 바쁘다. 상대방의 입장을 이해하고 배려했다면 애초에 크게 싸워서 교무실까지 올 일도 없었을 텐데.

그렇다면 과거에는 학교에서 싸우는 학생들이 지금보다 적었을까? 과거에는 학급당 학생 수가 지금보다 훨씬 많았다. 요즘 중학교는 25명 내외인 학급이 많지만 20년 전만 하더라도 한 학급에 40명 넘는 학생들이 있었다. 좁은 교실에 많은 학생들을 몰아넣으면 갈등은 필연적으로 생긴다. 하지만 과거 학생들은 어릴 때부터 집 밖에 나가 놀이터에서 실컷 뛰어놀면서 다양한 갈등 상황을 마주하고 어른의 개입 없이 아이들끼리 해결하는 경험이 많았다. 또한 외동으로 자란 학생이 드물었기 때문에 대부분 가정에서 형제 자매끼리 싸우고 화해하며 사회성을 길렀다.

하지만 요즘은 과열된 사교육으로 인해 놀이터에서 뛰노는 아이들을 찾기 어렵다. 유치원에 다니는 아이들조차 유치원 숙제를 하느라 놀 시간이 부족하다. 외동으로 태어나 갈등 상황을 마주할 일이 적게 자란 학생들 또한 점점 많아지면서 교내에서 갈등이 발생했을 때 교사의 도움을 필요로 하는 경우가 많다. 이처럼 공감 능력을 키우기 어려운 환경에서 자란 요즘 학생들이 학교에서 수시로 마주할 수 있는 갈등 상황에 현명하게 대처하도록 공감을 가르치는 것은 필수적이다.

학교에서 공감을 잘하기 위해서는 어떻게 해야 할까?

중학교 2학년 담임을 맡았을 때 학기 초부터 사이가 좋지 않던 남학생과 여학생이 있었다. 심각한 싸움은 없었지만 서로가 서로의 존재를 견디기 힘들어했던 학생들이었다. 예상했던 대로 학기 초가 지나자 둘 사이의 갈등이 깊어져 결국 두 학생이 각각 담임 교사를 찾아왔다. 아래는 당시의 대화를 재구성한 내용이다.

남학생: 선생님, 김현지가 저를 너무 싫어하는 게 느껴져서 힘들어
요. 저를 쳐다보는 눈빛이 너무 기분 나쁘고 친구들에게도

제 욕을 하고 다니는 것 같습니다. 모둠 활동까지 같이해야 하니 괴로워요.

교사: 이유 없이 싫어하는 대상이 있을 순 있지만 그렇게 티를 내고 욕하고 다닌다니 걱정이 많이 되겠다. 내가 불러서 해결해 볼게.

교사: 지호가 싫더라도 뒤에서 욕하고 싫은 티를 직접적으로 낸다면 학교에서 문제가 될 수 있어. 무슨 이유로 그랬니?

여학생: 선생님, 박지호랑 저는 중학교 1학년 때부터 너무 사이가 좋지 않았어요. 같은 반도 아니었는데 지나가는 저를 향해서 제 키가 작다고 놀렸거든요. 그런데 이번에 같은 반이 되어서 같은 모둠까지 되니 제 친구들도 저를 걱정하고 있습니다.

교사: 지호는 그 사실을 알까? 직접 대화를 해 보자.

두 학생의 사정을 각각 들어 보니 서로 오해가 있었고 대화가 필요했다. 학교에서 공감하는 대화가 가장 필요한 순간은 학생들끼리 싸워서 교무실로 교사를 찾아올 때이다. 그럴 때 교사 앞에서 서로가 서로에게 하고 싶었던 말을 속 시원하게 다 털어놓을 수 있는 자리를 마련해 주었다. 이때 주의해야 할 점은 상대의 말을 중간에 자르지 않고 끝까지 듣게 하

는 것이다. 상대의 말이 끝날 때까지 경청하는 자세로 다 듣고, 상대가 나에 대해 오해를 한 부분이 있거나 사실과 다른 점이 있다면 말해서 오해를 풀게 한다. 이 과정에서 거친 말로 상대를 비난하지 않도록 해야 한다. 교사 앞에서 말을 하도록 하면 대부분의 학생들은 상대를 비난하는 말을 참지만, 흥분해서 욕설이 나오는 경우도 있다. 그때는 대화를 끊고 다시 순화된 표현으로 말하도록 지도한다.

지호는 1학년일 때 현지와 모르는 사이인데 현지를 향해 키가 작다고 놀렸을 리가 없다고, 다른 친구에게 한 말을 오해한 것 같다고 해명했다. 현지는 분명히 들었다고 여러 번 주장했지만 지호가 억울한 표정으로 그런 적 없다고 반복해서 말하니까 자신이 오해했음을 납득했다. 그리고 현지가 지호를 오해하고 싫어하는 티를 내서 불편하게 한 행동을 사과했는데, 마음이 많이 불편했는지 사과 편지도 쓰고 싶다고 했다. 현지는 짧지만 진심이 담긴 사과 편지를 전달했고 지호는 이후 속상했던 마음을 풀 수 있었다.

지호에게

지호야 나는 작년에 너가 나를 손가락질하며 키가 작다고 비웃은 줄

알고 크게 상처받았어. 그래서 널 싫어했는데 이유 없이 차갑게 대하는 나를 보고 많이 상처받았을 것 같아 미안해. 다음부터는 나 혼자 섣불리 판단하고 오해하지 않을게.

- 현지가 -

학생들은 학교에서 친구가 기분을 상하게 했을 때, 욕하거나 때리는 게 해결책이 아니라는 것을 알아야 한다. 상대방의 말과 행동으로 인해 내가 어떤 감정을 느꼈는지, 상대에게 바라는 것이 무엇인지 자기 마음을 솔직하게 표현할 수 있어야 한다. 이를 위해서 **나 전달법★**이라는 대화 방식으로 상대를 비난하지 않고 자신의 감정을 표현하는 방법을 가르친다. 이러한 대화 방법은 **비폭력 대화**Nonviolent Communication라고 하는데, 비폭력 대화의 목적은 서로 공감하면서 질적인 인간관계를 이루는 것이다.

> ★ **나 전달법(I-message)**
>
> '나 전달법'은 '너 전달법'과 다르게 상대방을 판단하거나 비난하지 않고 상대방으로 인해 자신이 느낀 감정을 솔직하게 표현하는 대화 방법이다. 상대의 행동을 객관적 사실로 표현하고, 그로 인해 내가 느낀 감정이 어땠는지, 상대에게 기대하는 내용을 표현한다. '너 전달법'과 '나 전달법'의 예시는 다음과 같다.
>
> · '너 전달법': 너는 게을러서 늘 늦는구나.
> · '나 전달법': 나는 너가 늦게 올 때마다 기다리느라 지쳤어. 앞으로는 약속 시간을 잘 지켜 주길 바라.

이 대화가 잘 이뤄지지 않은 이유는?

보기

　　소극적 들어 주기란 상대에게 관심을 드러내어 말하는 이가 자연스러운 분위기에서 자기 생각과 느낌을 이어 갈 수 있도록 대화 맥락을 조절해 주는 격려하기 기술이 중심을 이룬다. "좀 더 얘기해 봐.", "이를테면?"과 같은 말로 계속 대화를 이끌어 간다거나 적절하게 맞장구치는 방법이 있다.

　　적극적 들어 주기란 "그러니까 네 말은 ……구나."와 같이 말하는 이의 말을 요약정리하고 반영하여, 말하는 이가 객관적인 관점에서 문제에 접근하고 스스로 문제를 해결할 수 있도록 도와주는 것이다.

– 임칠성 외, 『말짱에서 말짱되기』

중학교 2학년 국어 교과서의 한 페이지

Class 3.　　공감 능력을 어떻게 기를 수 있을까?　　　　**101**

수업 시간에 공감하는 대화 방법을 배우기도 한다. 중학교 국어 교육 과정 성취 기준 중에도 '상대의 감정에 공감하며 적절하게 반응하는 대화를 나눈다'는 것이 있으며, 교과서에서는 앞 페이지의 그림처럼 배운다.[20]

교과서에 제시된 지식만 가르치면 지필 시험을 위한 수업으로 그치기 쉽다. 배운 내용을 적용하여 공감하는 대화를 연습하는 시간이 꼭 필요하다. 그래서 공감하며 듣기의 기본인 경청하는 습관을 기르기 위해 할 수 있는 간단한 활동을 소개하려고 한다. 교실에서뿐만 아니라 가정이든 직장이든 어디서든 할 수 있는 활동이다.

교실에 모인 학생들 전체를 원형으로 둘러앉히고 정해진 주제에 관해 옆 사람에게 차례대로 돌아가며 말하게 한다. 평소 소란스러운 교실이더라도 경청하는 연습을 하는 시간에는 말하는 사람 외에 아무도 말하지 않도록 주의를 준다. 말하는 사람에게 토킹 스틱 talking stick을 주어 토킹 스틱이 없는 사람은 조용히 듣기만 할 수 있는 환경을 조성한다.

교사는 조용히 듣는 분위기를 유지하는 가운데, 말하는 학생의 옆에 앉은 학생이 공감하며 듣고 있는지 관찰한다. 옆 사람은 조용히 듣기만 하는 것이 아니라 **소극적 듣기**와 **적극적 듣기**를 함께하여 상대의 말을 경청하고 있음을 보여 준다.

〈최근 기분이 좋지 않았던 경험을 주제로 대화를 나누는 상황〉

학생 1: (학생 2의 눈을 보며) 나는 지금 학원 숙제가 많이 밀려서 불안
하고 우울해.
학생 2: (학생 1의 눈을 보며) 학원 숙제를 많이 못 해서 속상하구나.

공감적 듣기의 방법을 외우고 이와 관련한 시험 문제를
푸는 것은 쉽다. 하지만 실제로 적용하는 연습을 시키면 얼굴
이 빨개지고 민망해하며 어려워하는 학생들이 많다. 운동을
잘하는 방법과 관련 지식을 머리로는 외울 수 있더라도 이를
실제로 잘 수행하기는 어려운 것처럼, 공감하며 대화하는 연
습 또한 운동을 통해 근력을 키우듯이 자주 해 봐야 한다.

갈등이 심한 학급의 경우 여기서 더 나아가 공감하는 대
화 시간을 갖는데, 실제로 친구들끼리 그동안 말하지 못했던
대화를 할 수 있는 장을 만들어 준다. 서로에게 미안했던 경
험이나 서운했던 경험을 털어놓는 시간을 갖는 것이다.

방법은 간단하다. 자리에 모여 앉아 말하고 싶은 상대에
게 말랑말랑한 공 또는 인형을 던지며 "○○야, 사실 그때 ~
해서 서운했어."라고 말하면 공을 받은 상대는 방금 들은 말

에 대한 어떠한 판단이나 비난을 하지 않고 "내가 ~해서 서운했구나." 하며 대화를 받아 준다. 모두의 참여를 이끌어 내기 위해 말하지 않는 학생들에 대한 간단한 벌칙을 추가해서 뭐라도 말해야 할 상황을 만들어 주는 것도 좋다.

학생 1: (공을 던지며) 민정아, 나는 너가 쉬는 시간에 내가 챙겨 온 과자를 허락 없이 먹어서 기분이 불쾌했어.

학생 2: (공을 받으며) 내가 허락 없이 너가 가져온 과자를 먹어서 불쾌했구나. 앞으로는 허락 받고 먹도록 할게.

유치한 방법이라고 생각할 수 있지만, 실제로 아이들이 이 시간을 통해서 그동안 쌓였던 오해를 풀고 갈등이 해소되는 장면을 여러 번 보았다. 부정적 감정을 숨기거나 묵히지 않고 표현하는 것만으로도 부정적 감정이 전보다 해소되기 때문이다.

사람들 앞에서 진솔한 말을 꺼내기 어려워하는 학생들이 많다. 자신이 느낀 감정을 솔직하게 표현하는 것이 어색해서 어렵고 쑥스럽기 때문이다. 하지만 청소년기는 어느 때보다도 감정의 소용돌이가 몰아치는 시기이다. 이때 학교나 가정에서 감정을 표현할 수 있는 대화의 장을 자주 만들어 주어 각자의 말을 들어 주고 이해하는 시간을 갖는다면, 오해가 쌓여 심각한 갈등으로 번지는 것을 막는 데 어느 정도 도움이 될 것이다.

직장:
MZ세대와
직무 의사소통,
그리고 공감

66 직장에서 공감이
왜 필요할까?

요즘 많은 직장에서 젊은 세대와 중장년 세대 간 갈등을 빚는 사례가 늘어나고 있다. 개인주의 성향이 강한 MZ세대와 공동체의 단합을 중시하는 중장년 세대 사이에서 업무 스타일, 가치관의 차이로 인해 직무 수행 과정에서 여러 가지 마찰이 불가피하다는 것이다. 뿐만 아니라, 디지털 매체 활용 역량과 문해력의 격차 등도 서로를 이해하지 못하고 갈등하게 하는 하나의 원인이 되기도 한다.

실제로 2020년 대한상공회의소에서 발표한 보고서[21]에 따르면, 직장인 63.9%가 세대 차이를 느끼고 있다고 밝혔다. 그리고 이러한 세대 차이는 곧 세대 갈등을 일으키는 것으로 분석되었다. 가령, '정시 퇴근' 문제나 '업무 지시', '회식'과 같은 상황에서 4050 세대와 2030 세대 간의 인식 차가 극명하게 드러났다.

- **정시 퇴근: "일에 대한 책임감 부족" vs. "야근 당연시하는 건 부적절"**
  - 위 세대: "팀 전체 남아서 일하는데 막내가 인사하고 칼퇴… 개인주의 넘어 이기적 행동 아닌가?"
  - 아래 세대: "업무 시간에 열심히 일했으면 역할 다한 것. 당연하게 야근을 요구하는 건 납득이 안돼."

- **업무 지시: "알아서 해 봐" vs. "일의 이유와 방식부터 알아야"**
  - 위 세대: "이걸 왜 하는지 어떻게 할지 스스로 생각해 보고, 보고서 작성해야지. 보고서 구성, 글자 크기까지 물어보는 데 한숨 나와… 차라리 나 혼자 하는 게 낫겠다."
  - 아래 세대: "불명확한 지시에 물어보면 짜증 내고, 그냥 하면 왜 멋대로 했냐고 화내는 딜레마… 그래도 '삽질'하느니 일일이 물어보는 '질문충(蟲)'이 되는 게 낫다."

- **회식: "계륵 같지만 소통에는 필요" vs. "두통거리 의전의 연**

속"

- 위 세대: "직원들 부담스러워하고 나도 별로지만 억지로라도 이렇게 자리 만들어야 뭉치지 않겠나?"
- 아래 세대 "장소 예약하고, 고기 굽고, 상사 얘기 들어야 하는 의전의 연속… 제발, 소통은 근무시간에!"

위 사례[22]에서 볼 수 있는 것처럼, 직장에서 일어나는 세대 간 인식의 차이와 갈등은 곧 업무 상황에서도 여러 가지 문제를 일으킬 수 있다. 이는 자연스럽게 조직의 생산성을 떨어뜨리고 업무의 효율성을 저해한다는 점에서 사회적 문제가될 수 있다.

직장에서 공감이 필요한 이유도 바로 이 때문이다. 대한상공회의소에서는 연구 결과를 바탕으로 위와 같은 갈등 상황에서 기업 문화 재정립을 위한 해법을 제시했는데, 그 가운데 하나로 상호 존중respect을 꼽았다. 그리고 당연하게도 이러한 상호 존중의 핵심에는 공감이 자리한다. 위 세대와 아래세대가 서로의 차이를 존중하고 이해하면서 협력적 관계를 모색하기 위해서는 공감이 전제되어야 하기 때문이다. 그리고 이러한 공감은 상호 신뢰의 관계를 구축하는 데 기여함으로써 결과적으로 조직의 생산성과 효율성을 제고하는 데에도 도움이 될 것이다.

이뿐만 아니라, 직장에서 서로에 대한 공감적 분위기가 형성된다면 조직의 경직된 문화를 바꿀 수 있다는 점에서도 직장에서의 공감은 무엇보다 중요하다. 지나친 경쟁과 성과 중심의 기업 문화는 조직 구성원들 사이의 신뢰를 떨어뜨리고 동료를 협력자 혹은 조력자가 아닌 잠재적 경쟁자로 바라보게 만들 수 있다. 따라서 공감은 구성원 사이의 신뢰와 협력을 회복시키고, 이에 따라 불필요한 감정 소모를 줄이게 만듦으로써 창의적이고 혁신적인 문제 해결을 가능하게 할 수도 있다.

이스라엘의 종교 철학자로 잘 알려져 있는 마르틴 부버 Martin Buber는 그가 45세 되던 해인 1923년, 대화의 철학 혹은 만남의 철학이라고 불리는 그의 사상이 집약된 명저 『나와 너』를 출판했다. 여기에서 그는 타인과 맺는 관계를 두 가지로 설명한 바 있다. 하나는 **나-그것**의 관계이고, 다른 하나는 **나-너**의 관계이다. 먼저 '나-그것 Ich-Es'의 관계는 목적화되고 수단화되는 관계를 의미한다. 즉, 인간을 하나의 대상(물건)으로 전락시키는 관계이자 타인을 도구화하고 대상화하는 관계이다. 반면에 '나-너 Ich-Du'의 관계는 인격적인 대화와 만남으로 이루어지는 관계를 의미한다. 이러한 관계는 서로를 고유한 독립적 인격으로 받아들이는 관계로 포용의 세계이자 열린 세계를 뜻한다.

만약 우리가 다양한 일터에서 만나게 되는 후배, 동료, 상사를 인간성이나 개별성을 갖지 않는 하나의 객체로 간주하고 이들과 '나-그것'의 관계를 맺는다면 어떻게 될까? 아마도 현대인들이 하루의 대부분을 보내는 근무 현장이 더없이 삭막하고 경직될 것이다. 그러나 나와 다른 경험을 가지고 있고, 이질적인 상황과 맥락에 처해 있는 상대방을 내가 먼저 존중하고 이해하려는 노력, 그리고 공감을 통해 상대방을 하나의 고유한 존재이자 나와 동일한 사람으로 대하는 '나-너'의 관계가 자리할 때, 조직은 수평적이고 유연한 문화를 갖게 될 것이다. 이러한 점에서 공감은 다양한 배경과 가치관, 환경, 삶의 맥락, 사회적 이해관계 등을 가진 주체가 서로의 삶에 녹아들며 타자에 대한 단순한 앎을 넘어서 존재론적 차원에서 하나로 합해지는 '나-너'의 관계를 효과적으로 견인할 수 있다.[23]

결국 공감은 직장 내 여러 구성원들 간 관계의 변화를 일으키고, 유연한 직무 의사소통을 가능하게 함으로써 원활하고 효율적인 소통을 제고하는 데 기여한다. 이러한 맥락에서 공감과 관련하여 오래도록 회자되고 있는 알베르트 아인슈타인의 "타인의 기쁨에 기뻐하고, 타인의 아픔에 아파하는 것, 이것이야말로 인간을 이끄는 최고의 지도자이다."라는 명언은 오늘날 직장에서 다양한 관계를 맺고 일하는 현대인들에게 여전히 좋은 지침이 될 수 있다.

66 ## 직장에서 공감을 잘하기
위해서는 어떻게 해야 할까?
– 부장과 신입사원이 서로의 역할을
바꿔 본다면?

최근 여러 기업과 조직에서는 공감의 중요성에 대해 인식하고 상호 존중과 신뢰, 공감의 문화를 정착시키기 위해 다양한 노력을 기울이고 있다. 이 가운데 앞서 살펴본 것처럼, 세대 갈등에 따른 경직된 조직 문화를 바꾸기 위해 '리버스 멘토링'을 도입하여 운영하는 곳이 늘어나고 있다.

리버스 멘토링Reverse Mentoring이란 기존의 멘토(시니어)와 멘티(주니어)의 역할을 바꿔 봄으로써 세대 간 학습과 서로에 대한 이해를 도모하는 프로그램이다. 이는 상대방의 입장에서 깊이 생각해 보는 '공감'에 기반을 둔 프로그램이라고 할 수 있다. 공감의 밑바탕이 되는 '역지사지易地思之'의 관점을 적용하고 있기 때문이다. 이러한 프로그램은 단순히 나이와 직급에 기반한 역할만을 바꾸는 것이 아니라, 세대 간 고정 관념이나 사고방식, 나아가 생활 방식을 바꾸어 보는 기회로 활용되고 있다.

하나의 구체적인 사례를 함께 살펴보면, 정부 조직인 인사혁신처와 법제처는 조직 내 기관장을 포함한 국·과장급 이상 간부들과 MZ세대 공무원들이 소통하는 '역으로 조언하기'(리버스 멘토링) 프로그램을 수년간 운영하고 있다. 이것은 상하 관계를 역전시킴과 동시에 상대방의 입장에서 생각해 보게 함으로써 서로에게 공감할 수 있는 기회를 제공하는 프로그램이다. 다음은 한 지방자치단체의 리버스 멘토링에 참여한 당사자들의 후일담이다.

주니어 멘토: ○○○ 주무관

"당시 일을 시작한 지 고작 6개월밖에 안 된 때였습니다. 새내기 어린 공무원이 간부급 공무원을 가르치는 상황은 이례적이기에, 멘토링 전 긴장을 꽤나 했습니다. '시간도 없는데 뭐 하러 이런 걸 하냐'라는 분위기이면 어쩌나 걱정도 앞섰습니다. 그런데 우려

와 달리 멘티로 나온 국장님들은 호기심 가득 찬 눈빛으로 교육에 응해 주셨습니다. 알려 드리는 것 외의 기능에 대해서도 물어보시면서 적극적으로 배움에 임하셨습니다. 그동안 선배들에게 물어 가며 일하는 게 일상이었는데, 완전히 뒤바뀐 위치에서 국장님들의 질문에 답해 드린 경험이 신기하고 새로웠습니다. 이후 진행되는 회의에서는 국장님들이 적극적으로 태블릿 PC를 활용하려는 의지도 자주 보여 주셨습니다. 그럴 때마다 조금 뿌듯함도 느꼈던 것 같습니다. 이번 기회를 통해 익히 들어 왔던 경직된 공직 사회의 모습과는 사뭇 다른 면모를 많이 보았습니다. 시니어 멘티들의 변화를 수용하는 자세, 적극적인 참여가 뒤따른다면 오랜 시간 굳어졌던 체계도 바꿀 수 있으리라 생각합니다."

시니어 멘티: ○○○ 구청장

"행정은 법령과 규칙에 따라 공정하고 정확하게 추진해야 하므로, 역할과 기능상 경직성을 띠게 됩니다. 더욱이 공직 사회는 연공서열로 이루어진 큰 조직이라서 새로운 문화에 적응하는 데 시간이 오래 걸리곤 합니다. 하지만 민간의 변화에 따라 행정에도 변화의 요구가 높아지면서 공직 사회에도 사회 변화에 맞추지 않으면 도태될 수 있다는 위기의식이 높아졌습니다. 그동안 우리구에서는 사회 변화에 민감하게 대응하고 행정 혁신을 일상적으로 수용하도록 여러 가지 시도를 해 왔습니다. 그중 한 사례가 '리버스 멘토링'입니다. 모든 것이 빠르게 변화하는 사회에서 '선배'의 지식이라도 모두 유용한 것은 아닙니다. 반대로 '후배'가 아는 것이 없다고 외면하기엔 그들이 알고 있는 지식 중 값진 것도 얼마든지 있습니다. 이번 기회를 통해 연령이나 직급과 무관하게 조직 구성원은 누구에게든 배우고 공유해야 한다고 느꼈습니다. 앞으로도 더욱 다양한 분야에서 지식과 경험을 나눌 수 있도록 리버스 멘토링을 적극적으로 권장하겠습니다."

한 지방자치단체에서 리버스 멘토링을 직접 경험한 멘토·멘티의 후일담[24]

이처럼 오늘날 많은 조직과 기관들은 과거 대량 생산을 중요시하던 시기에 수단과 방법을 가리지 않고 맹목적인 성장에 관심을 둘 수밖에 없었던 우리나라 산업화 시기의 전통, 즉 조직 내 보상과 처벌이 주를 이루며, 상명하복이 당연하게 이루어졌던 의사소통 문화로부터 벗어나고자 노력하고 있다. 권위와 권력을 가진 직장 상사의 무조건적인 요구는 이른바 '꼰대'의 문화로 치부되고, 열린 마음과 공감의 자세로 직장 구성원들 간의 수평적인 대화와 의사소통 문화를 지향하는 추세이다.

　나아가 일부 기업에서는 기존의 사원-대리-과장-부장-임원으로 이어지던 전통적인 연공제 직급 체계를 없애고, 최근 '매니저'로 직위 호칭을 단일화함으로써 나이와 직급에 관계없이 조직 내 구성원 모두가 스스로의 자율과 책임에 기반해 업무를 수행할 수 있도록 하고 있다. 이는 연공서열을 타파하고 직무와 역할에 따라 수평적으로 개인을 구분한다는 방침에 따른 변화로 보인다. 이러한 변화 역시 상호 간 공감을 촉진시킬 수 있는 좋은 방안이 될 수 있다.

　물론, 조직에서 이러한 혁신적인 변화를 도입하더라도 이것이 단순히 제도적 변화에만 그친다면 근본적으로 공감에 토대를 둔 기업 문화를 진정성 있게 형성하는 데 많은 어려움이 뒤따를 것이다. 핵심은 '제도만 있고 사람이 없는 조직 문화'는 실패한다는 것을 기억해야 한다.

　이와 관련해 '심리적 안전감을 확보하는 조직 문화'는 직장에서 구성원들의 공감을 높이는 데 기여하고, 궁극적으로 상호 존중의 문화를 형성하는 데 도움이 될 수 있다.[25]

　심리적 안전감은 동료들과의 관계에서 비롯되는 것으로, '내가 틀려도 괜찮다'는 문화가 있을 때 가능한 것이다. 이러한 심리적 안전감은 조직 내 상호 신뢰 및 존중과 관련된 개

넘이다. 이것은 조직의 구성원들이 설령 실수나 실패를 하더라도, 그리고 위험을 감수하더라도 조직 내에서 자신이 소외되거나 배척되지 않으며 안전하다는 공유된 믿음을 의미한다.[26]

따라서 심리적 안전감이 확보될 때, 조직 구성원들은 자유롭게 소통이 가능하고 그 과정에서 공감을 실천할 가능성이 높아지게 된다. 그리고 이러한 환경과 기반을 만들기 위해서는 조직의 관리자와 리더의 역할이 무엇보다 중요하다.

실제로 국내뿐만 아니라 해외 기업들의 사례를 살펴보아도 조직 내 심리적 안전감을 확보하고 유연한 소통 환경과 구성원 간 공감대 형성을 위한 일련의 노력을 기울이고 있는 것을 알 수 있다.

대표적으로 구글Google은 상호 존중과 협업적 소통 문화를 가진 기업으로 널리 알려져 있다. 특히 구글의 TGIF(Thank God It's Friday) 행사는 직원들이 각자 개인의 생각을 자유롭게 펼칠 수 있는 장으로, 매주 금요일마다 사내 카페에서 열린다. 이 행사에는 한 달에 한 번 정도 CEO가 참석하기도 하는데, 이때 직원들의 질문에 CEO는 상세하고 투명하게 대답을 하며 개방된 공간에서 서로 수평적이고 건설적인 소통을 이어 나간다고 한다.

이와 같이 구글의 개방적이고 특유한 사내 소통 문화는 기존의 전통적인 위계질서에서 벗어나 직위와 직급을 넘나들며 자유로운 소통과 공감의 장을 가능케 한다. 그리고 그러한 결과, 우리가 잘 알고 있는 것처럼 구글은 빠르게 변화하는 시대에도 항상 기술을 선도해 왔으며, 창의적이고 혁신적인 기업으로 지금도 꾸준히 성장하고 있다.

Class 1. 공감이 뭐지?

1   Sara H. Konrath, Edward H. O'Brien and Courtney Hsing (2011), "Changes in dispositional empathy in American college students over time: a meta-analysis", *Personality and Social Psychology Review*, 15(2), pp.180-198.

2   제러미 리프킨 지음, 이경남 옮김(2010), 『공감의 시대』, 민음사, 19~20쪽; Preminger Alex & T. V. R. Brogan ed. (1992), *The New Princeton Encyclopedia of Poetry and Poetics*, Princeton Univ. Press, p.331.

3   자밀 자키 지음, 정지인 옮김(2021), 『공감은 지능이다』, 심심, 373쪽.

4   Amy Coplan & Peter Goldie ed. (2012), *Empathy: Philosophical and psychological perspectives*, Oxford Univ. Press, pp.9-18.

5   막스 셸러 지음, 조정옥 옮김(2006), 『동감의 본질과 형태들』, 아카넷, 7쪽.

6   Sally Planalp (1999), *Communicating Emotion: Social, Moral, and Cultural Process,* Cambridge Univ. Press, p.66.

7   막스 셸러 지음, 조정옥 옮김(2006), 앞의 책, 39~99쪽.

8   자밀 자키 지음, 정지인 옮김(2021), 앞의 책, 376~377쪽.

9   염은열(2013), 『공감의 미학』, 역락, 33쪽.

10 Simon Baron-Cohen (2011), *The Science of Evil: On Empathy and the Origins of Cruelty,* Basic Books.

11 Wikimedia Commons. https://commons.wikimedia.org/wiki/File:Phineas_Gage_GageMillerPhoto2010-02-17_Unretouched_Color.jpg

12 Wikimedia Commons ⓒ Van Horn JD, Irimia A, Torgerson CM, Chambers MC, Kikinis R, et al. https://commons.wikimedia.org/wiki/File:Simulated_Connectivity_Damage_of_Phineas_Gage_4_vanHorn_PathwaysDamaged.jpg

13 Wikimedea Commons ⓒ Henry Vandyke Carter. https://commons.wikimedia.org/wiki/File:Gray728.svg

14 제러미 리프킨 지음, 이경남 옮김(2010), 앞의 책, 106쪽.

15 자밀 자키 지음, 정지인 옮김(2021), 앞의 책, 32쪽.

16 이케가야 유지 지음, 이규원 옮김(2016), 『교양으로 읽는 뇌과학』, 은행나무, 86쪽.

17 마이클 S. 가자니가 지음, 김효은 옮김(2009), 『윤리적 뇌: 뇌과학으로 푸는 인간 본성과 생명윤리의 딜레마』, 바다출판사, 250~251쪽.

18 제러미 리프킨 지음, 이경남 옮김(2010), 앞의 책, 106쪽.

19 제러미 리프킨 지음, 이경남 옮김(2010), 앞의 책, 106쪽.

Class 2. 공감을 바탕으로 관계 맺기

1 MBTI(Myers-Briggs Type Indicator)는 심리학자 융의 초기 분석 심리학 모델을 바탕으로 1994년에 개발한 자기 보고형 성격 유형 검사이다.

2 최고야 기자, 「"너 혹시 T야?" 이런 대화는 그만…의사소통 '훈련'이 필요한 겁니다」, 『동아일보』, 2024. 2. 18. https://n.news.naver.com/article/020/0003548555?sid=103

3 최선실 기자, 「우리에게 필요한 건 바로 '공감 능력'」, 『팝콘뉴스』, 2023. 4. 26. https://www.popcornnews.net/news/articleView.html?idxno=38963

4 조용길(2023), 「대학생 공감 능력 신장 수업 모델」, 『사고와 표현』 16, 한국사고와표현학회, 259쪽.

5 이창덕·임칠성·심영택·원진숙·박재현·서영진(2024), 『화법 교육론(제3판)』, 역락, 41쪽.

6 이창덕·임칠성·심영택·원진숙(2007), 『삶과 화법』, 도서출판 박이정, 128쪽.

7 이창덕·임칠성·심영택·원진숙(2007), 위의 책, 131쪽.

8 박성석(2015), 「또래 간 고민대화에서 공감성향과 공감지각에 따른 반응발화 선택」, 『화법연구』 30, 176쪽.

9   장대익(2022), 『공감의 반경』, 바다출판사, 29쪽.

10 조용길(2023), 앞의 논문, 257~278쪽.

11 제러미 리프킨 지음, 이경남 옮김(2010), 『공감의 시대』, 민음사, 532쪽.

12 다이애나비는 왕실 입성 3년 만에 당시 18세 이상 영국 성인 1000명을 대상으로 한 '가장 좋아하는 왕실 인물'에 대한 설문 조사에서 무려 45%의 지지를 받았다. 시어머니인 엘리자베스 2세(46%)와 근소한 차이로 큰 사랑을 받았다고 한다. 무엇보다 그녀는 '노블레스 오블리주'(특권층의 의무)를 실현한 사람으로도 잘 알려져 있다. 영국 왕실 공식 웹사이트에 따르면, 혼인 기간에만 그녀는 100개가 넘는 자선 단체의 회장이거나 후원자였고, 노숙자, 장애인, 어린이, 에이즈 환자 등 대상을 가리지 않고 그들을 도왔다. 관련 내용은 다음의 기사문을 참고. 김미루 기자, 「"순종 안 해" 英 왕실 바꾼 파격…전 세계가 사랑한 이 여성」, 『머니투데이』, 2023. 7. 29. https://news.mt.co.kr/mtview.php?no=2023072720452935623

13 김윤덕 기자, 「국민 67% "젠더갈등 심각"… 한국 남녀, 왜 서로에게 분노하나」, 『조선일보』, 2023. 11. 28. https://www.chosun.com/national/national_general/2022/05/06/7GH3AXAYIJHQVK6EDV4CX75PUA/

14 특별취재팀, 「[2022 젠더 리포트] 젠더갈등 뒤엔 세대 불평등…"기성세대가 기회 빼앗아"」, 『조선일보』, 2022. 5. 13. https://www.chosun.com/national/national_general/2022/05/06/DXQ65M25DNEHNGCZSBKFT23RDM/

15 Marc Zao-Sanders (2025), *How People are Really Using Generative AI Now*. https://learn.filtered.com/thoughts/top-100-gen-ai-use-cases-updated-2025

16 N. D. Feshbach (1975), "Empathy in children: Some theoretical and empirical considerations", *The Counseling Psychologist*, 5(2), pp.25-30.

17 Wikimedia Commons ⓒ Youngjin. https://commons.wikimedia.org/wiki/File:Itaewon_Halloween_crowd_crush_memorial_alley_01.jpg

18 Wikimedia Commons ⓒ Alvis Jean. https://commons.wikimedia.org/wiki/File:Itaewon_Memorial_1st_Anniversary_Post-it.jpg

19 막스 셸러는 '감정 전염'이나 '감정 이입', 혹은 타자가 체험한 것을 자기의 체험처럼 느끼는 '추체험'과 공감을 구별한다. 감정 전염이나 감정 이입은 비의도적이고 주관적인 것이라는 점에서, '추체험'은 그 자체만으로는 인식하려는 태도의 영역에 머무는 것이라는 점에서 그러하다. 그는 공감의 조건으로 '이해', '따라 느끼는 것(nachfühlen)', '따라 사는 것(nachleben)'을 들었는데, 공감이 윤리의

토대가 되기 위해서는 타자의 삶을 내 것으로 주관화하는 것이 아니라 공감의 대상인 타자의 고유성을 수용하고, 타자의 구체적인 체험에 '참여'할 수 있어야 한다고 했다. 막스 셸러 지음, 이을상 옮김(2013), 『공감의 본질과 형식』, 지식을 만드는지식, 37~55쪽.

20   마틴 호프만 지음, 박재주·박균열 옮김(2011), 『공감과 도덕 발달: 배려와 정의를 위한 함의들』, 철학과현실사, 30~31쪽.

21   Ian McEwan, "Only Love and Then Oblivion", *Guardian*, September 5, 2001; 김선형, 「서늘한 거울 속 원더랜드의 건축가」, 『문학동네』 2008년 봄호, 481쪽에서 재인용.

22   최홍원(2008), 「시조의 성찰적 사고 교육 연구」, 서울대학교 박사 학위 논문; 장지혜(2013), 「성찰적 사고를 위한 비평적 에세이 쓰기 교육 연구」, 서울대학교 석사 학위 논문.

Class 3. 공감 능력을 어떻게 기를 수 있을까?

1   한나 아렌트 지음, 이진우 옮김(2017), 『인간의 조건』, 한길사, 73~74쪽.

2   심지어 혼자 있는 걸 즐기는 것처럼 보이는 내향인들조차도 다른 사람들과 연결되어 있을 때 더 큰 행복감을 느낀다고 한다. 박은미·정태연(2015), 「외향성인 사람과 내향인 사람 간 행복의 차이: 맥락, 정서 및 가치를 중심으로」, 『한국심리학회지: 사회 및 성격』 29권 1호, 한국사회및성격심리학회, 38~39쪽.

3   칼 로저스 지음, 오제은 옮김(2007), 『칼 로저스의 사람-중심 상담』, 학지사, 174쪽.

4   〈[56회 백상] TV부문 남자 조연상 – 오정세 | 동백꽃 필 무렵〉. https://youtu.be/LmgWxezH7cc?si=9vskEqOff-mLzrNS

5   Jonathan Silverman, Susanne Kurtz, Juliet Draper (2016), *Skills for Communicating with Patients* (3rd edition), Boca Raton: CRC Press, p.137

6   이상현·최수미(2018), 「청소년이 지각한 부모 공감이 심리적 안녕감에 미치는 영향 : 정서 인식, 정서표현, 정서표현 양가성을 매개로」, 『청소년학연구』 25(5), 한국청소년학회; 이순남·함경애(2014), 「고등학생이 지각한 부모 공감과 학교생활적응의 관계에서 자아존중감의 매개효과」, 『열린교육연구』 22(4), 한국열

린교육학회.

7   B. Cooper (2004), "Empathy, interaction and caring: Teachers' roles in a constrained environment", *Pastoral Care in Education*, 22(3), pp.12-21; N. D. Feshbach & S. Feshbach (2009), "Empathy and education", JeanDecety &William Ickes eds., *The social Neuroscience of Empathy*, Cambridge, Mass: MIT Press, pp.85-98.

8   해당 연구에서 페이스북, 구글, 넷플릭스, 마이크로소프트 등 기업 가치가 높은 글로벌 기업들은 2016년에 각각 1, 2, 4, 7위를 차지했다. 또한 분석 결과 상위 10개 기업의 평균 수익은 전년 대비 6% 증가한 반면 하위 10개 기업의 평균 수익은 9% 감소했다고 한다. Belinda Parmar (2016), "The Most Empathetic Companies, 2016", *Harvard Business Review*, 2016. 12. https://hbr.org/2016/12/the-most-and-least-empathetic-companies-2016

9   한지우·장수정·오삼일(2024), 「노동시장에서 사회적 능력의 중요성 증가」, 『BOK 이슈노트』, 한국은행; 김회성 기자, 「AI 시대에도 살아남는 일자리는…"협동·공감 능력 중요" – 한은 '노동시장에서 사회적 능력의 중요성 증가' 보고서」, 『한겨레』, 2024. 6. 10. https://www.hani.co.kr/arti/economy/economy_general/1144186.html

10   리처드 도킨스의 저서 『이기적 유전자』에서 처음 언급된 용어로, 자기 복제적 특징을 갖고 모방을 통해 전달되는 문화 요소를 의미한다. 여기에서 비롯된 인터넷 밈은 사람들의 관심사나 감정을 담아, 대개 모방의 형태로 인터넷을 통해 전파되는 생각이나 그림, 영상, 행동, 용어 등을 뜻한다. 2023년 올해의 밈으로는 '중꺾마(중요한 건 꺾이지 않는 마음)', '너 T야?', '폼 미쳤다', '멋지다 연진아', 'I am 신뢰예요', '슬릭백 댄스' 등이 꼽혔다.

11   이유진 기자, 「누칼협아 난쏘공」, 『주간경향』, 2023. 1. 4. https://weekly.khan.co.kr/khnm.html?mode=view&artid=202212301454531

12   비슷한 인터넷 밈으로는 '알빠노'가 있는데 "네가 힘들든지 말든지 내 알 바 아니다."의 의미로 쓰인다.

13   이슬아, 「쉬운 감동 어려운 흔들림」, 『경향신문』, 2019. 5. 6. https://www.khan.co.kr/article/201905062043005

14   이해나 기자, 정소원 인턴 기자, 「뇌과학자 정재승 "리더 되면 '이 능력' 떨어진다" … 사실일까?」, 『헬스조선』, 2023. 4. 6. https://health.chosun.com/site/data/

html_dir/2023/04/06/2023040602180.html

15 김동환 인턴기자, 「'타이레놀', 두통뿐 아니라 아픈 마음도 치유」, 『세계일보』, 2013. 4. 17. https://www.segye.com/newsView/20130417001985

16 이슬비 기자, 「진통제, 의외의 효과 … '마음의 상처'도 줄여준다고?」, 『헬스조선』, 2021. 10. 26. https://health.chosun.com/site/data/html_dir/2021/10/26/2021 102602045.html

17 로날드 아들러, 러셀 프록터 지음, 정태연 옮김(2021), 『인간관계와 의사소통의 심리학』(15th), 박영스토리, 14쪽.

18 박서영(2020), 『이상하고 자유로운 할머니가 되고 싶어: 무루의 어른을 위한 그림책 읽기』, 어크로스, 170쪽.

19 신형철(2014), 『정확한 사랑의 실험』, 마음산책, 133쪽.

20 김진수 외, 『중학교 국어 2-2』(교과서), 비상교육.

21 대한상공회의소(2020), 「한국기업의 세대 갈등과 기업문화 종합진단 보고서」. 참고로 해당 보고서는 30개 대·중견기업에 소속된 직장인 약 1만 3천 명에 대한 실태 조사를 기초로 세대별 심층 면담(FGI)을 거쳐 작성되었다.

22 해당 사례는 대한상공회의소 보고서(2020)의 내용을 간추려 대한상공회의소 홈페이지의 공식 보도자료에서 제시한 내용을 인용한 것이다. https://www.korcham.net/nCham/Service/Economy/appl/KcciReportDetail.asp?CHAM_CD=B001&SEQ_NO_C010=20120932732

23 양수연(2019), 「'상생화용'의 재개념화를 통한 화법 교육의 지평 확장」, 『국어교육연구』 70, 국어교육학회(since 1969), 165~194쪽.

24 이지혜 기자, 「연공서열 타파, 세대 간 소통 물꼬 트는 '리버스 멘토링'」, 『BRAVO my Life』, 2024. 4. 26. https://bravo.etoday.co.kr/view/atc_view/15341

25 여기에서 제시한 방법은 다음 글 내용을 참고하되, 추가 문헌과 예시를 별도로 덧붙여 작성했다. 김성수, 「좋은 조직문화는 좋은 인간관계에서 시작된다!」, 『라이센스뉴스』, 2025. 6. 16. https://www.lcnews.co.kr/news/articleView.html?idxno=103388

26 Edmondson (1999), "Psychological safety and learning behavior in work teams", *Administrative Science Quarterly*, 44(2), pp.350-383.

참고 문헌

단행본

김미경(2024), 『청소년을 위한 비폭력 대화』, 우리학교.

김진수 외(2019), 『중학교 국어 2-2』(교과서), 비상교육.

박서영(2020), 『이상하고 자유로운 할머니가 되고 싶어: 무루의 어른을 위한 그림책 읽기』, 어크로스.

신형철(2014), 『정확한 사랑의 실험』, 마음산책.

염은열(2013), 『공감의 미학』, 역락.

이창덕·임칠성·심영택·원진숙(2007), 『삶과 화법』, 박이정.

이창덕·임칠성·심영택·원진숙·박재현·서영진(2024), 『화법 교육론(제3판)』, 역락.

이케가야 유지 지음, 이규원 옮김(2016), 『교양으로 읽는 뇌과학』, 은행나무.

마셜 B. 로젠버그 지음, 캐서린 한 옮김(2017), 『비폭력 대화』, 한국NVC출판사.

마이클 S. 가자니가 지음, 김효은 옮김(2009), 『윤리적 뇌: 뇌과학으로 푸는 인간 본성과 생명윤리의 딜레마』, 바다출판사.

마틴 호프만 지음, 박재주·박균열 옮김(2011), 『공감과 도덕 발달 - 배려와 정의를 위한 함의들』, 철학과현실사.

막스 셸러 지음, 이을상 옮김(2013), 『공감의 본질과 형식』, 지식을만드는지식.

막스 셸러 지음, 조정옥 옮김(2006), 『동감의 본질과 형태들』, 아카넷.

브라이언 헤어, 버네사 우즈 지음, 이민아 옮김(2021), 『다정한 것이 살아남는다』, 디플롯.

자밀 자키 지음, 정지인 옮김(2021), 『공감은 지능이다』, 심심.

제러미 리프킨 지음, 이경남 옮김(2010), 『공감의 시대』, 민음사.

폴 블룸 지음, 이은진 옮김(2019), 『공감의 배신』, 시공사.

한나 아렌트 지음, 이진우 옮김(2017), 『인간의 조건』, 한길사.

Baron-Cohen, Simon (2011), *The Science of Evil: On Empathy and the Origins of Cruelty*, Basic Books.

Coplan, Amy & Goldie, Peter ed. (2012), *Empathy: Philosophical and psychological perspectives*, Oxford Univ. Press.

Feshbach, N. D., & Feshbach, S. (2009), "Empathy and education", Decety, Jean&Ickes, William eds., *The social Neuroscience of Empathy*, Cambridge, Mass: MIT Press.

Mehrabian, A. (1971), *Silent message*, Belmont, CA: Wadsworth.

Planalp, Sally (1999), *Communicating Emotion: Social, Moral, and Cultural Process*, Cambridge Univ. Press.

Preminger, Alex & Brogan, T. V. R. ed. (1992), *The New Princeton Encyclopedia of Poetry and Poetics*, Princeton Univ. Press.

Silverman, Jonathan, Kurtz, Susanne, Draper, Juliet (2016), *Skills for Communicating with Patients* (3rd edition), Boca Raton: CRC Press.

논문

박성석(2015), 「또래 간 고민대화에서 공감성향과 공감지각에 따른 반응발화 선택」, 『화법연구』 30, 175~216쪽.

박은미·정태연(2015), 「외향성인 사람과 내향인 사람 간 행복의 차이: 맥락, 정서 및 가치를 중심으로」, 『한국심리학회지: 사회 및 성격』 29권 1호, 한국사회및성격심리학회, 23~44쪽.

양수연(2019), 「'상생화용'의 재개념화를 통한 화법 교육의 지평 확장」, 『국어교육연구』 70, 국어교육학회(since1969), 165~194쪽.

이상현·최수미(2018), 「청소년이 지각한 부모 공감이 심리적 안녕감에 미치는 영향 : 정서 인식, 정서표현, 정서표현 양가성을 매개로」, 『청소년학연구』 25(5), 한국청소년학회, 265~289쪽.

이순남·함경애(2014), 「고등학생이 지각한 부모 공감과 학교생활적응의 관계에서 자아존중감의 매개효과」, 『열린교육연구』 22(4), 한국열린교육학회, 23~39쪽.

장지혜(2013), 「성찰적 사고를 위한 비평적 에세이 쓰기 교육 연구」, 서울대학교 석사 학위 논문.

조용길(2023), 「대학생 공감 능력 신장 수업 모델」, 『사고와 표현』 16, 한국사고와표현
학회, 257~278쪽.

최홍원(2008), 「시조의 성찰적 사고 교육 연구」, 서울대학교 박사 학위 논문.

Konrath, Sara H., O'Brien, Edward H., and Hsing, Courtney, (2011), "Changes in
dispositional empathy in American college students over time: a meta-analysis",
Personality and Social Psychology Review 15(2), pp.180-198.

기타

김동환 인턴기자, 「'타이레놀', 두통 뿐 아니라 아픈 마음도 치유」, 『세계일보』, 2013.
4. 17. https://www.segye.com/newsView/20130417001985

김미루 기자, 「"순종 안 해" 英 왕실 바꾼 파격…전 세계가 사랑한 이 여성」, 『머니투데
이』, 2023. 7. 29. https://news.mt.co.kr/mtview.php?no=2023072720452935623

김선형(2008), 「서늘한 거울 속 원더랜드의 건축가」, 『문학동네』 2008년 봄호.

김윤덕 기자, 「국민 67% "젠더갈등 심각"… 한국 남녀, 왜 서로에게 분노하나」, 『조선
일보』, 2023. 11. 28. https://www.chosun.com/national/national_general/2022/0
5/06/7GH3AXAYIJHQVK6EDV4CX75PUA/

김현진, 「MBTI가 뭐냐는 질문에 답하지 않으려고요」, 『오마이뉴스』, 2023. 11.
10. https://www.ohmynews.com/NWS_Web/View/at_pg.aspx?CNTN_
CD=A0002975814&CMPT_CD=P0010&utm_source=naver&utm_
medium=newsearch&utm_campaign=naver_news

김희성 기자, 「AI 시대에도 살아남는 일자리는…"협동·공감능력 중요" - 한은 '노동
시장에서 사회적 능력의 중요성 증가' 보고서」, 『한겨레』, 2024. 6. 10. https://
www.hani.co.kr/arti/economy/economy_general/1144186.html

네이버 블로그 '이날저날'. https://blog.naver.com/yoonphy/223471623178

이슬비 기자, 「진통제, 의외의 효과 … '마음의 상처'도 줄여준다고?」, 『헬스조선』, 2021.
10. 26. https://health.chosun.com/site/data/html_dir/2021/10/26/2021102602045.
html

이슬아, 「쉬운 감동 어려운 흔들림」, 『경향신문』, 2019. 5. 6. https://www.khan.co.kr/
article/201905062043005

이유진 기자, 「누칼협과 난쏘공」, 『주간경향』, 2023. 1. 4. https://weekly.khan.co.kr/

khnm.html?mode=view&artid=202212301454531

이지혜 기자, 「연공서열 타파, 세대 간 소통 물꼬 트는 '리버스 멘토링'」, 『BRAVO my Life』, 2024. 4. 26. https://bravo.etoday.co.kr/view/atc_view/15341

이해나 기자, 정소원 인턴 기자, 「뇌과학자 정재승 "리더 되면 '이 능력' 떨어진다" … 사실일까?」, 『헬스조선』, 2023. 4. 6. https://health.chosun.com/site/data/html_dir/2023/04/06/2023040602180.html

정일윤 기자, 「다이애나비 장례식, 동생 얼 스펜서 인터뷰」, 〈MBC 뉴스데스크〉, 1997. 9. 6. https://imnews.imbc.com/replay/1997/nwdesk/article/1768673_30717.html

최고야 기자, 「"너 혹시 T야?" 이런 대화는 그만…의사소통 '훈련'이 필요한 겁니다」, 『동 아일보』, 2024. 2. 18. https://n.news.naver.com/article/020/0003548555?sid=103

최선실 기자, 「우리에게 필요한 건 바로 '공감 능력'」, 『팝콘뉴스』, 2023. 4. 26. https://www.popcornnews.net/news/articleView.html?idxno=38963

특별취재팀, 「[2022 젠더 리포트] 젠더갈등 뒤엔 세대 불평등…"기성세대가 기회 빼앗아"」, 『조선일보』, 2022. 5. 13. https://www.chosun.com/national/national_general/2022/05/06/DXQ65M25DNEHNGCZSBKFT23RDM/

한지우·장수정·오삼일(2024), 「노동시장에서 사회적 능력의 중요성 증가」, 『BOK 이 슈노트』, 한국은행.

〈[56회 백상] TV부문 남자 조연상 – 오정세 | 동백꽃 필 무렵〉. https://youtu.be/LmgWxezH7cc?si=9vskEqOff-mLzrNS

ICMJE 출판 윤리 규정. https://www.icmje.org/recommendations/browse/roles-and-responsibilities/defining-the-role-of-authors-and-contributors.html#two

Parmar, Belinda, "The Most Empathetic Companies, 2016", *Harvard Business Review*, 2016. 12. https://hbr.org/2016/12/the-most-and-least-empathetic-companies-2016

Zao-Sanders, Marc (2025), *How People are Really Using Generative AI Now.* https://learn.filtered.com/thoughts/top-100-gen-ai-use-cases-updated-2025